다만, 지금을 살아라

일러두기

맞춤법 표기는 국립국어원 〈표준국어대사전〉을 따랐습니다. 다만 작가의 의도가 담긴 일부 표현, 방언, 속어, 대화체의 옛 표기 등은 그대로 살렸습니다.

법정스님과 함께하는 '2025 땅끝해남 행복에세이 공모전' 수상작품집
다만, 지금을 살아라

1판 1쇄 인쇄 2025년 7월 14일
1판 1쇄 발행 2025년 7월 24일

지은이 편집부 엮음
펴낸이 해남군

펴낸이 정용철 **편집인** 이경희, 김보현 **디자인** ⓒ단팥빵
제작 제이킴 **마케팅** 김창현 **홍보** 김한나
인쇄 (주)금강인쇄

펴낸곳 도서출판 북산
등록 제2013-000122호
주소 06197 서울시 강남구 역삼로 67길 20, 201호
전화 02-2267-7695 **팩스** 02-558-7695
인스타그램 instagram.com/booksan_bs **이메일** glmachum@hanmail.net
블로그 blog.naver.com/e_booksan **페이스북** facebook.com/booksan25

ISBN 979-11-85769-76-9 03810

ⓒ도서출판 북산, 2025

이 책은 저작권법에 따라 보호받는 저작물이므로 무단 전재와 복제를 금합니다.
이 책 내용의 전부 또는 일부를 이용하려면 반드시 저작권자와 북산의 동의를 받아야 합니다.
잘못된 책은 구입하신 곳에서 교환해 드립니다. 책값은 뒤표지에 있습니다.

도서출판 북산은 독자 분들의 소중한 원고 투고를 기다리고 있습니다.

법정스님과 함께하는
'2025 땅끝해남 행복에세이 공모전' 수상작품집

다만, 지금을 살아라

편집부 엮음

목차

심사의 글　7

/ 대상 /
천천히 해, 그게 제일 빨라　_장미교　12

/ 최우수상 /
누구의 하루도 NG는 없다　_박옥춘　20

/ 우수상 /
일상 속 소소한 행복　_강원자　26
아이들과 함께, 지금을 살아가는 중입니다　_김은미　31
한 송이 꽃, 풀꽃 한 폭　_이현　35

/ 장려상 /
내 노년, 총천연색으로 꾸는 꿈　_고감　42
마음의 냉장고를 열어보다　_공민숙　48
내일을 달려 오늘에 도착했다　_이채안　52
나에게 충실했던 순간, 그 10㎞의 기적　_조승규　56

/ **입선작** /

서른 해, 꽃이 피다 _경동숙 62

희망이 어디 있냐고 나에게 물으신다면 _고봉국 66

초록빛 파도의 위로 _곽유경 71

과거에서 온 편지 _기다은 75

행복은 작은 순간 속에 있다 _김미옥 80

눈은 마음의 창이라고 했다 _김민정 83

정성을 다하는 인사 _김선영 86

무너지지 않는 마음으로 _김성원 90

새벽의 신비 _나금숙 95

잠깐 멈춘 그 순간, 나에게 가져다준 _도유리 99

실패와 성공은 중요하지 않아, 계속 도전해 봐! _문정희 102

한 숟갈의 봄 _박선애 107

고요한 산책 _박소영 112

미황사, 나의 〈어바웃 타임〉 _박신호 117

나의 욕심, 나의 원동력 _박정은 122

다만, 지금을 살아라 _쉬아나스타샤   127
감물 들이던 날 _안창식   130
이순의 신입사서 _양성자   135
오늘 하루로도 충분히 좋다 _우재인   139
언젠가는 신호등 불빛이 바뀐다는 사실: 신호등 앞에서 배운 기다림 _이다혜   143
비 그늘 꽃무늬 _이수아   146
계단을 오르며 _이진주   150
내 삶에 대한 배려를 꿈꾸며 _임원석   154
지금을 사는 용기 _임채율   158
이삿짐 _임한호   162
단단히, 지금을 살아낸 하루 _정주희   166
한 잔의 차가 일깨운 나의 하루 _조모현   169
도마도가 되자 _조은경   173
인생 동행길의 행복 찾기 _진상용   177
산보다 높은 말 _천익승   183

심사의 글

　도서출판 북산이 주최하고 해남군이 후원한 법정스님과 함께하는 '2025 땅끝해남 행복에세이 공모전'은 올해로 2회를 맞이하며, 해남을 대표하는 상징적인 행사로 자리매김하고 있습니다.

　올해는 공모전 명칭에 '법정스님과 함께하는'이라는 부제가 더해지면서 법정스님의 말씀을 깊이 사유하고 풀어낸 원고들이 눈에 띄게 많아졌습니다. 2회를 맞이하며 공모전의 방향성이 더욱 뚜렷해졌고, 전체적으로 글쓰기 실력도 한층 높아졌다는 인상을 받았습니다.
　공모전이 해를 거듭하며 점점 더 단단해지고 있고, 좋은 글들이 계속해서 모여들고 있다는 점에서 행사가 해남군의 대표적인 문화 콘텐츠로 자리잡아가고 있다는 가능성을 느낄 수 있었습니다.

　1차 심사에서는 주제에 맞지 않거나 글쓰기가 부족한 원고들을 제외했고, 2차 심사에서는 자신만의 가치관과 철학, 일상의 통찰

이 뚜렷한 글들을 중심으로 추렸습니다. 생활 글쓰기를 지향하는 만큼, 문장이 다소 부족하더라고 주제에 대한 성실한 고민과 진정성을 우선했습니다. 3차에서는 주제가 유사한 글들 중 더 완성도 높은 원고를 선별했고, 최종 4차 심사에서는 공감의 폭과 울림의 깊이를 기준으로 수상작을 확정했습니다.

그 외 수상작들도 각자의 자리에서 하루하루를 묵묵히 살아내며 '지금 이 순간'의 의미를 성찰하고, 있는 그대로의 자신을 받아들이는 이야기를 담고 있었습니다.
부족하더라도 오늘 할 수 있는 일을 다하며, 나 자신을 놓치지 않으려는 진심이 무엇보다 소중하게 느껴졌습니다.
소박하지만 단단한 이 이야기들이, 오늘을 살아가는 많은 이들에게 잔잔한 힘으로 다가가길 바랍니다.

심사를 마치며 다시금 느낍니다.
표정을 닫고 살아가는 것 같아도, 여전히 많은 사람들이 서로의 이야기에 귀 기울이고, 도움을 건네려는 마음을 품고 있다는 사실을 느낍니다.
세상을 사는 데 필요한 건 요령이나 팁이 아니라, 흔들릴 때마다 나를 중심으로 붙잡아주는 신념과 삶의 태도라는 사실도 다시 확인하게 됩니다.

법정스님의 말씀처럼, "다만 지금을 살아라"는 말이 누군가에게는 버틸 힘이 되고, 스스로를 지켜낼 용기가 되기를 바랍니다.

해남과 북산이 함께 만들어가는 이 공모전이 삶의 지혜와 따뜻한 이야기를 이어가는 장으로 더욱 깊어지기를 바랍니다. 그리고 언제나 함께해주시는 해남군에 깊은 감사의 마음을 전합니다.

도서출판 북산 편집부

대상

천천히 해 그게 제일 빨라 - 장미교

천천히 해, 그게 제일 빨라

음성 · 장미교

퇴근 후 집으로 돌아와 냉장고 문을 열었을 때, 텅 빈 칸보다 더 나를 당황하게 만든 건 아무것도 해 먹고 싶지 않다는 마음이었다. 배는 고팠지만, 아무것도 손에 잡히지 않았다. 냉동실엔 얼어붙은 만두 몇 개와 꽁꽁 언 브로콜리 한 줌이 있었고, 선반에는 기한이 임박한 계란과 미처 먹지 못한 반쪽짜리 애호박이 덩그러니 남아 있었다. 시켜 먹을까, 라면으로 때울까 망설이다가 결국 나는 쌀을 씻었다. 계란을 하나 깨고, 애호박을 썰고, 미지근한 물에 손을 담갔다.

찬물에 손을 넣으면 차가워서 금세 일을 끝내고 싶어진다. 그런데 미지근한 물은 이상하게 나를 붙잡았다. 꼭 누군가의 손을 잡은 것처럼, 잠깐 멈춰 있으라고 말하는 것 같았다. 나는 그 물속에서 잠시 멍하니 서 있었다. 아무 말도 없이, 아무 생각도 없이,

그저 물의 온기를 느끼며 가만히 서 있었다.

서툰 손놀림이지만, 하나하나 익숙하게 움직이며 식사를 차리는 동안 마음이 조금씩 가라앉았다. 계란 지단을 부치다 가장자리를 태웠지만 괜찮았고, 국물 간이 조금 세게 되었지만 이상하게 그날따라 따뜻하게 느껴졌다. 칼질도 엉성했고, 접시 모양도 맞지 않았지만, 그 모든 것이 불완전한 나를 다정하게 받아주는 것처럼 느껴졌다.

반찬은 단출했고, 음식 맛도 평범했지만, 상을 다 차리고 나니 어쩐지 눈앞이 뿌옇게 흐려졌다. 누군가를 위해서가 아닌, 오직 나를 위해 식사를 차렸다는 사실이 낯설게 다가왔다. 그 순간, 문득 엄마가 내가 입사를 준비하느라 바빴던 시기에 했던 말이 떠올랐다.

"천천히 해, 그게 제일 빨라."

살면서 그 말을 참 많이 들었다. 젓가락을 떨어뜨렸을 때, 마음이 조급해져 실수를 반복할 때, 혹은 아무 일도 하지 않고 멍하니 앉아 있는 내게 엄마는 말했었다. 그 말은 때로 나를 짜증나게 했다. 뭔가 해보려고 할 때마다 멈추라는 말 같았고, 속도를 늦추라는 충고가 나를 무능력하게 만드는 것처럼 느껴졌으니까. 친구들은 다들 바쁘게 살아가고 있는데, 나는 왜 자꾸 느려지라고만 하는 걸까. 엄마의 그 말은 현실을 모르는 말 같고, 느긋함을 강요하는 것처럼 들렸다.

그런데 오늘은 그 말이 달랐다. 오롯이 혼자 차린 밥을 앞에 두고 앉아 숟가락을 들었을 때, 나는 아주 오래된 그 말이 내 마음 어딘가를 조용히 스쳐 가는 걸 느꼈다. "천천히 해."라는 말은 나를 멈추게 하려던 게 아니라, 내가 나를 해치지 않도록, 나의 리듬을 잃지 않도록 지켜주던 말이었다는 걸 이제야 알게 된 것이다.

세상은 점점 더 빨라진다. 사람들의 말도, 발걸음도, 성공의 기준도 눈 깜짝할 사이 바뀐다. 정보는 넘치고, 비교는 일상이 됐다. 나 역시 따라가느라 바빴고, 가끔은 그 흐름에 떠밀려 어디로 가는지도 모른 채 뛰어들었다. 그런데 이상하게도, 가장 중요한 순간들은 언제나 조용한 속도 속에 있었다.

혼자 먹는 밥상 앞에서, 나는 처음으로 내 삶의 속도를 다시 생각했다. 무엇을 얼마나 이뤘는지, 남들과 얼마나 비슷한지보다 더 중요한 건 오늘 내가 어떻게 나를 대하고 있는가였다. 밥을 짓고, 국을 데우고, 식탁을 닦는 그 일련의 시간이 그저 반복되는 일상이 아니라, 오늘이라는 하루를 나에게 '잘 건네주는' 행위임을 알게 되었다. 한 끼를 먹는다는 건 단지 배를 채우는 일이 아니라, 내 몸과 마음을 살피는 일이라는 걸 이제야 안다. 그걸 깨닫기까지는 무수히 많은 '때우는 식사'가 필요했다. 때로는 서둘러 마신 커피 한 잔으로 하루를 때웠고, 때로는 아무것도 먹지 않은 채 하루를 통째로 놓친 날도 있었다.

식사를 마치고 설거지를 하면서, 나는 속으로 중얼거렸다. "천천히 해. 괜찮아." 그것은 엄마의 목소리와 닮은 내 안의 목소리였다. 오늘 하루를 내가 나에게 다정하게 건넨 것이다. 예전에는 무언가를 이루는 일에만 마음이 쏠렸다면, 요즘 나는 '견디는 일'에도 의미가 있다는 걸 배워가고 있다. 아무 일도 특별하지 않은 날, 나를 위해 밥 한 끼를 짓고, 그 하루를 기꺼이 받아들이는 일. 그것이야말로 내가 지금을 충실히 살아내고 있다는 가장 단단한 증거일지도 모른다.

다정한 삶이란 대단한 성취보다, 다급하지 않은 리듬에서 비롯되는 것 같다. 누군가를 부러워하지 않아도 괜찮고, 내가 아직 충분히 준비되지 않았다고 느껴도 괜찮다. 중요한 건 하루하루를 포기하지 않고 살아내는 일, 그리고 그 하루 속에 나 자신을 놓치지 않는 일이다.

다만, 지금을 살아라. 그 말은 어쩌면 거창한 삶의 철학이 아니라, 오늘 나를 위해 밥 한 끼를 차리는 손끝에서부터 시작되는지도 모른다. 나는 오늘을 잘 살아냈다. 어설펐지만, 충분히 다정하게.

●
행복이라는 게 항상 먼 곳에 있는 줄 알았습니다.
대단한 무언가를 성취하고 이루어 내야지만 얻을 수 있다고 생각했습니다.
하지만 행복을 찾으려고 노력하다 보니,
이미 행복은 제 삶과 함께 하고 있다는 걸 알 수 있었어요.
무탈하게 지나간 하루,
작은 성취가 쌓여간 하루,
그 하루 속에서 저는 분명하게 행복을 느끼고 있었습니다.
그렇게 행복한 하루를 쌓아가다 보니,
이렇게 더욱 행복해서 특별한 날도 생기게 되는 것 같습니다.
행복할 수 있는 조건은 없다는 걸 너무 늦게 알아버려서,
저에게 찾아온 이 행복이 더욱 소중합니다.
이 글을 읽는 모든 분이 자신만의 행복을 찾아가시길
진심으로 바라고, 또 바랄 뿐입니다.

▎장미교
2024 에세이 『유별난 게 아니라 유병한 거예요』 출간
2025 월간문학 신인문학상 소설 『낙인』 등단

최우수상

누구의 하루도 NG는 없다 - 박옥춘

누구의 하루도 NG는 없다

광양 · 박옥춘

"우리가 사는 것은 바로 지금 여기다.
순간순간을 자기 자신답게 최선을 기울여 살 수 있다면,
우리는 결코 후회하지 않을 인생을 보내게 될 것이다."
_법정, 『스스로 행복하라』

나는 20대 중반부터 줄곧 카메라 앞이 아니라 뒤에서 살아왔다.
세상의 이면을 담는 사람, 혹은 화면 밖의 사람. 영상 촬영을 업으로 삼고, 다양한 현장에서 감독, 조연출, 편집자로 일하면서 자연스레 하나의 철칙을 갖게 되었다.
"한 컷이라도 NG 없이 완벽해야 한다."
빛 번짐 하나, 시선의 흔들림 하나도 허용되지 않는, 말 그대로의 '결정적 순간'을 잡아내는 일. 그것이 내 일이자 나의 삶이었다.
그러다 보니 일상조차도 '컷'의 연속이었다. 아침에 일어나면 머릿속으로 하루 분량을 미리 편집해 두고, 실수가 생기면 마음속

에서 'NG!'를 외쳤다. 인간관계도 마찬가지였다.

누군가의 말실수, 나의 어색한 대응 하나하나가 마음에 남았고, 그 장면만 떼어내 지우고 싶어졌다.

한 번은 CF 촬영 현장이었다. 촬영 조건은 빡빡했고, 시간은 없었고, 배우는 대사 한 줄을 계속 놓쳤다. 나도 모르게 입에서 "다시요!"가 아닌 "그냥, NG예요."라는 말이 튀어나왔다.

순간, 배우의 얼굴이 굳었다.

그날 저녁, 촬영이 끝나고 나는 혼자 조명기를 정리하던 신입 스태프의 뒷모습을 멍하니 바라봤다. 누군가 옆에서 말했다.

"사람 인생도 NG 있으면 좋겠지."

웃어넘길 말이었지만, 그 말이 묘하게 가슴에 남았다.

며칠 후, 오랜만에 어머니에게 영상통화를 걸었다.

화면 속 어머니는 밝게 웃으셨다.

"너, 괜찮니? 요즘 얼굴이 영 피곤해 보여."

그 말 한마디에 나는 화면 너머의 내 얼굴을 뚫어지게 바라봤다.

정말 '괜찮은 얼굴'이 아니었다. 늘 무언가를 쫓고, 실패를 피하고, 결과에만 집중하느라 '과정'은 늘 뒷전이었다. 촬영이 끝나면 휴식 대신 반성, 다음 날에는 또다시 촬영.

그렇게 수년을 반복해왔다.

그때부터 나는 NG를 외치던 입을 다물기로 했다.

한 신인 배우가 리허설 중 눈물을 참지 못하고 울기 시작했을 때, 나는 처음으로 컷을 외치지 않았다. 그 울음 속엔 진짜 감정이 있었고, 그 감정이야말로 우리가 놓치고 있었던 '진짜 오늘'이였다.

그날 촬영본은 의외로 호평을 받았다. "너무 사람 같다"고, "살아 있는 장면 같다"고.

나는 그때 알았다. 완벽하게 통제된 화면이 아닌, 살아 있는 오늘이 주는 힘을.

그 후로 나는 '컷'보다는 '괜찮아'를 더 자주 쓰게 되었다.

현장에서 스태프들이 실수할 때, 배우가 멈칫할 때, 그리고 무엇보다 내가 지쳤을 때, 물론 NG는 여전히 있었다. 하지만 나는 그것을 실패라 부르지 않았다.

실수조차도 지금의 나를 이루는 한 장면임을 받아들이게 되었다.

영상 작업은 수많은 테이크 속에서 하나의 결과물을 만드는 일이다. 하지만 인생은 다르다.

우리의 하루는 원테이크, 다시 찍을 수 없다.

그렇다면 때로 흔들리고, 때로 눈물짓는 이 하루도 있는 그대로 품어야 하지 않을까.

지금, 이 순간도 촬영 중이다.

카메라도, 감독도 없지만 분명 누군가의 삶은 지금 클로즈업되고 있다.

그 하루에 NG가 있어도 괜찮다.

오늘을 충실히 살았다면, 그건 이미 아름다운 테이크다.

우수상

일상 속 소소한 행복 - 강원자

아이들과 함께 지금을 살아가는 중입니다 - 김은미

한 송이 꽃 풀꽃 한 폭 - 이현

일상 속 소소한 행복

전주 · 강원자

며칠 전, 오랜만에 남편과 함께 점심을 먹게 되었다. 이른 봄기운이 아직 완전히 퍼지지 못한 날씨는 싸늘했고, 마음도 함께 움츠러드는 듯했다. 따뜻한 국물이 그리워 자연스레 발길은 샤부샤부 집으로 향했다. 착한 가격에 사람들로 긴 줄이 늘어서 있었다. 웅성이는 소리와 김이 피어오르는 식당 입구에서 기다리는 동안, 기다림 속에서도 마음은 가볍고 따뜻했다. 그런 순간이 쌓일 때, 어느새 하루는 더 단단해지고 온기를 머금는다.

한참을 기다린 끝에 자리를 잡고, 조용히 식사를 시작했다. 오랜만에 마주한 따뜻한 국물은 속을 데우듯 마음까지 포근하게 감싸주었다. 식사를 하던 중, 고기가 조금 부족하다는 생각이 들어 조심스럽게 추가 주문을 하기로 했다. 예전에 자주 오던 곳이라 쿠폰도 챙겨왔고, 오늘은 그걸 쓸 좋은 기회라고 생각했다.

손을 들어 직원을 불렀다. 이윽고 다가온 알바생은 덩치가 크고 어딘지 무뚝뚝해 보였지만, 표정만큼은 열심히 일을 하고 있다는 인상을 주었다. 나는 조심스레 웃으며 말을 건넸다.

"저기, 바쁘시겠지만… 이 쿠폰 좀 사용해도 될까요?"

그 순간, 그의 얼굴에 미소가 번졌다.

"그럼요, 당연히 쓸 수 있죠! 바로 가져다드릴게요!"

그는 정말 약속대로 금세 고기를 가져다주었다. 빠르게 움직이느라 땀이 송골송골 맺힌 이마 위로, 그가 머쓱한 미소를 지을 때 나는 문득 그가 참 좋은 사람이라는 걸 느꼈다.

그렇게 식사를 마무리할 무렵, 다시 그 알바생이 다가왔다. 무슨 일인가 싶어 나도 고개를 들고 그의 얼굴을 살폈다. 그가 수줍은 듯 말했다.

"사모님께서 너무 상냥하게 말씀해주셔서… 그냥, 너무 감사했어요. 진짜요. 뭔가 서비스라도 드리고 싶은데, 제가 알바라서 맘대로는 못 해서… 죄송해요."

나는 놀랐다. 그저 웃으며 말을 건넸을 뿐인데, 이렇게 감동을 받았다니. 남편과 눈이 마주쳤고, 우리는 서로의 얼굴에서 같은 감정을 읽었다.

"아유, 괜찮아요. 그렇게 말해줘서 저도 참 기분이 좋아졌어요."

내가 그렇게 답했을 때, 그의 눈빛이 한결 밝아졌다.

식사를 끝내고 자리를 정리하는 동안도 그 알바생의 말이 머릿속에서 맴돌았다. 참 신기했다. 단지 말 한마디, 웃음 하나로 누군가의 하루가 따뜻해질 수 있다니. 세상이 각박하다고, 요즘 MZ 세대는 무례하다고 말하는 이들도 있지만, 그런 편견이 얼마나 무의미한가를 그 아이는 조용히 보여주었다.

아마 그는 수없이 많은 진상 손님들 사이에서 지쳐 있었을 것이다. 그 속에서 내가 건넨 소소한 친절이, 그에게 작은 위안이 되었을 거란 생각이 들었다. 그래서 나 역시 그냥 지나칠 수 없었다. 마치 우리 자녀들에게 "수고했어"라고 말해주듯, 작게나마 그에게 마음을 전하고 싶었다.

우리가 식당을 나설 때, 나는 조용히 그를 불러 만 원짜리 지폐 한 장을 건넸다.
"바쁘신 데도 기분 좋게 대해줘서 고마워요. 따뜻한 차 한 잔 하세요."
그는 손사래를 치며 고개를 저었다.
"저 그런 뜻으로 말씀드린 게 아니에요… 정말 감사한 마음에 드린 말씀이에요."
그 진심이 담긴 말에 나도 뭉클해졌다. 하지만 나는 부드러운 목소리로 말했다.

"그 마음 알죠. 그래도 누군가에게서 따뜻함을 받았을 땐, 다시 누군가에게 그 따뜻함을 전하면 돼요. 오늘은 제가 그걸 하는 거예요."

결국 그는 부끄러운 듯 고개를 숙이며 돈을 받아들였고, 나는 가볍게 웃으며 식당을 나섰다.

집에 돌아와 아이들에게 그 이야기를 들려주며 말했다.
"어렵고 힘든 상황 속에서도 상대를 존중하고 따뜻하게 대하면, 그게 감동으로 돌아올 수 있다는 걸 느꼈단다. 웃는 얼굴에 침 못 뱉는다는 말이 정말 맞는 것 같아."

아이들은 "엄마, 진짜 멋진 하루였네." 하며 칭찬을 건넸고, 나는 그 말을 들으며 다시 한번 그날의 미소를 떠올렸다.

세상이 빠르게 흘러가고, 사람들의 마음도 바빠지고 있다. 그러나 그럴수록 우리는 작은 온기 하나, 따뜻한 시선 하나에 더 목 말라하는지도 모른다. 법정 스님의 말씀처럼.

"행복은 특별한 순간이 아니라, 일상의 틈새에서 피어나는 작고 따뜻한 마음에서 비롯된다."

생각해보면, 그날은 특별한 일이 일어난 날이 아니었다. 하지만 작은 미소 하나, 진심 어린 말 한마디가 누군가의 하루를 바꾸고, 메마른 땅에 내린 봄비처럼, 내 마음을 따뜻하게 데워주었다.

    그리고 지금도 문득문득 생각한다.
    오늘 나의 말 한마디,
    미소 하나가 누군가에게 단비가 되었기를….

아이들과 함께,
지금을 살아가는 중입니다

해남 · 김은미

"선생님, 오늘은 나 안 울었어요!" 어린이집 문 앞에서 마주한 이 말 한마디가 하루를 버티게 한다. 15년째 아이들과 함께하는 교사로 살아가며 나는, 눈물과 웃음이 뒤섞인 하루를 무수히 지나왔다. 이름 대신 '선생님'이라 불리는 이 삶 속에서, 나는 여전히 '지금'을 꾹꾹 눌러 살아가고 있다.

어떤 날은 시시티브이 속 누군가의 시선 안에서, 또 어떤 날은 누군가의 감시 안에서 하루를 보낸다. 아이들과 나누는 눈빛 하나, 손끝의 따스함 하나에도 조심스럽다. 아이를 너무 사랑해서, 작은 실수에도 마음이 무거워진다. 때로는 너무 사소한 일에도 죄송하다는 말을 해야 할 때가 있다. 이유야 어찌 됐든, 나는 누군가의 가장 소중한 존재를 하루 종일 품고 있으니까.

사람들은 종종 말한다. "아이들 밥 먹이고, 재우고, 놀아주면 되는 거 아니에요?" 웃으며 대답하지만, 그 말 뒤로 나는 수십 장의 평가표를 작성하고, 교육 계획을 다듬고, 환경 정리를 하고, 부모 상담 자료를 준비한다. 퇴근 후에도 머릿속엔 늘 아이들이 남아 있고, 이불 속에서도 다음 날 놀이를 그린다. 어떤 날은 잠들기 전 휴대폰 불빛에 비친 내 얼굴이 지쳐 보여, 나 자신이 안쓰럽게 느껴질 때도 있다. 그럼에도 다음 날 아침, 작은 손이 나를 찾아오면 다시 활기를 찾는다.

우리 직업엔 귀천이 없다지만, 감정의 무게는 누구보다 무겁다. 때로는 보이지 않는 곳에서 쌓이는 감정들이 나도 모르게 눈물이 되어 쏟아질 때도 있다. 하지만 그럼에도 나는 이 길을 택했고, 아직도 이 길을 사랑한다.

나는 아이들 앞에서 못 하는 게 없는 '연예인'이다. 동화책도 읽고, 춤도 추고, 노래도 하고, 때로는 마술사처럼 아이들의 마음을 들여다보기도 한다. 그리고 아이들이 "은미 선생님~" 하고 부를 때, 나는 또 웃는다. 그 눈빛 속엔 선생님은 못 하는 게 없는 박사쯤으로 보이나 보다. 작은 상처에 붙이는 밴드 하나도, 아이들의 마음을 어루만지는 손길처럼 느껴진다. 그 순수한 믿음이, 나를 더 좋은 어른으로 만든다.

무엇보다 자랑스러운 건, 아이들의 첫 성장을 함께하는 그 기관에 내가 서 있다는 사실이다. 작은 손을 잡고, 처음을 함께 걸으며, 세상을 향한 출발선 앞에서 아이들을 만나는 이 일은 아무에게나 주어지는 삶이 아니기에, 나는 내가 하는 일이 참 자랑스럽다. 아이들의 첫걸음, 첫인사, 첫 사회생활을 함께하며 나는 누군가의 인생에 가장 따뜻한 기억으로 남는다.

그리고 여기까지 걸어오는 동안 수없이 많은 학부모님들의 응원은 나에게 '교사로서의 사명감'을 선물했다. "우리 아이가 어린이집을 좋아해요.", "선생님 덕분에 아이가 많이 밝아졌어요.", "이때까지 만나 본 교사 중에 선생님 같은 분은 처음이에요."그 따뜻한 말들이 내 마음속에 오래도록 남아, 지칠 때마다 나를 다시 일으킨다.

문득 2005년, 5살 새싹반 담임으로 36명의 아이들을 처음 맡았던 기억이 떠오른다. 그때의 아이들, 지금은 어떻게 자라고 있을까? 누군가는 어엿한 성인이 되어 사회인이 되었겠지. 그리고 그때 나를 믿고 아이를 맡겨주셨던 따스하고 정 많으셨던 우리 부모님들께서는, 잘 지내고 계실까? 지금 이 순간, 어딘가에서 저와 같이 오늘을 살아가고 있겠지요.

오늘도 어김없이 한 아이가 달려와 내 옆에 섰다. "선생님, 밥 잘 먹는다~!" 나는 막 국 한 숟가락을 뜨려던 참이었다. 아이의 눈에는 그 모습조차 신기하고 기분 좋게 비쳤나 보다. 장난처럼 툭 던진 말이었지만, 나는 피식 웃었다. 아, 지금 이 순간도 아이는 나를 보고 있었구나. 바쁜 업무 속에서도, 아이의 하루에 '선생님'이 있다는 것. 그걸 깨닫는 순간, 오늘의 나는 충분히 충실했다.

　포기하고 싶었던 날이 없던 건 아니다. 이해받지 못하고, 지쳐 쓰러질 것 같았던 날도 많았다. 하지만 문득 내 손을 잡으며 "선생님이 제일 좋아요." 속삭이는 아이를 보면 다시 일어선다. 그 말 한마디가 마음 깊은 곳에서 나를 다시 교사로 세운다.
　지금을 살아간다는 건, 하루하루를 의미 있게 버무리는 일이다. 누군가는 커리어를 향해 달리고, 누군가는 성취를 좇지만, 나는 작고 따뜻한 손을 잡고 오늘을 살아간다. 나의 오늘은, 아이들과의 순간으로 가득 차 있다.

　아이들은 늘 지금을 살아간다. 어제보다 오늘을 더 중요하게 여기고, 내일보다 지금 이 순간을 가장 신나게 즐긴다. 나는 그 아이들 곁에서 오늘을 배우고, 오늘을 다독이며, 오늘을 살아낸다.
　그래서 나는, 지금을 사랑하고 지금을 안아주며 지금을 살아가고 있다.

한 송이 꽃, 풀꽃 한 폭

여주 · 이현

 봄이 오면 땅은 기지개를 켜며 몸을 펴고, 데워진 공기에 때를 알아 꽃들은 타고난 꼴로 얼굴을 내민다. 크고 작고 화려하고 수수하고, 꽃 빛에 눈은 즐겁고 그 향에 코는 취한다. 그러다, 꽃씨는 왜 그리도 많이 날리나 혼자 묻는다. 가만히 생각하니, 꽃 한 송이 피우는 게 쉬운 일이 아니다.

 꽃이 벌과 나비를 불러도, 가루 배달이 제대로 되지 않으면 수분은 실패다. 꽃씨가 바람에 날아 앉을 곳을 찾더라도 흙이 척박해 자리를 잡지 못할 수도 있고, 요행이 누군가에게 묻어 실려 가도 물 위에 떨어지면 제 몫을 할 수가 없다. 살아서 종의 명맥을 이으려면, 할 수 있는 만큼 꽃을 피우고 보낼 수 있는 대로 씨를 퍼뜨려야 한다.

 어디, 꽃만 그런가? 어느 시인의 말처럼 대추 한 알[1]이 그저 저

---

[1] 장석주 글, 유리 그림. [대추 한 알]. 이야기꽃(2015).

절로 붉어졌을까. 태풍이며 천둥 몇 차례, 벼락도 몇 개 들어야 한다. 무서리 몇 밤, 땡볕 두어 달, 초승달 몇 날을 보내야 둥글어진다. 수박을 먹고 싶으면,[2] 겨우 내 묵은 밭 깨우고 구덩이 파, 씨앗을 서너 개 심어야 한다. 물 먹고 자란 튼실한 싹 하나만 남겨, 북을 돋우고 곁순 지르며 잘 자라라 읊조리면서 기다려야 한다. 그러니 꽃 한 송이, 열매 한 알 종이에 옮기는 일이 무거운 것은 순리인 게다.

  이기고 지는 싸움도 아닌데, 나는 예뻐질 때까지 하라는 선생의 지시(?)에 승복한다. 매번 이 정도면 됐냐고 묻고, 그만큼 같은 말을 듣는다. 그만하고 싶어도, 그러자는 허락을 듣기 전까지 붓질을 계속하는 건 그이 말을 인정하기 때문이다. 한 번에 한 번을 더할수록 색은, 그림은, 고. 와. 진. 다.

  민화를 시작한 지 이제 겨우 이십 개월을 넘겼다. 매사가 버거워 죽을 것 같던 두 해 전, 내 발로 찾은 화실에서 선생이 내준 모란 본으로 그림을 시작했다. 재현을 내용으로 하는 전통 민화는 옛 그림을 본떠 그린다. 나는 종이 본에 작품 지를 대고 세필로 흐리게 밑그림을 그린다. 초본 – 아교포수 – 채색 – 마무리선 – 배접이라는 긴 항해의 시작이다.

---

2 김장성 글. 유리 그림. [수박이 먹고 싶으면]. 이야기꽃(2017).

같은 걸 반복하기 싫어하는 내가, 마음이 급해 가슴이 먼저 나가는 평소와는 달리, 그림을 그릴 땐 찬찬히 간다. 이 끝에서 저 끝까지 1미터가 넘는 종이에 콩알만 한 열매부터 너른 바다까지, 작품을 완성하려면 길다. 붓이 왔다 갔다 오고 가길, 하고 또 해야 한다는 걸 안다. 제 물이 나려면 종이에 색이 묻은 붓이 지나서만 되는 게 아니다. 한지가 습기를 먹고 뱉으며 먹을 머금어 앉히는 데는 시간이 든다. 나는 엄지 손끝에서도 느끼는, 그 순간들의 묵직함이 좋다. '예뻐질 때'까지의 반복. 한 붓 한 붓 가는 털이 지난 자리도 태가 난다는 걸 매번 내 눈으로 본다.

여느 분야처럼, 민화도 엄청 손이 가고 시간이 든다. 사전 작업은 말로 하면 '준비', 한 단어이지만 적어도 이틀은 걸린다. 채색에는 색칠을 반복하는 진채 기법을 쓴다. 농도 옅은 물감을 두 번 이상 칠하는 밑색 위에, 더 진한 색으로 바림을 한다. '바림'은 '색을 풀어준다'라는 뜻의 업계 용어로, 그러데이션이다. 서양어의 우아한 어감과는 다르게 바림은 얼룩덜룩한 과정이다. 물 자국, 붓 자국을 정련하기까지 최소한 두 차례 이상 되풀이한다. 종이에 색이 충분히 배기까지, 바림 역시 긴 시간이 필요하다. 의도대로 하자면 꽤 숙련되어야 해서, 특히 초보자에게는 자존감까지 떨어지는, 지난한 고역이다.

색칠이 끝났나 싶어도 아직 반밖에 오지 못했다. 세부 묘사가 남았고, 마무리로 테두리 선을 그어야 한다. 이 단계는 더욱더 세심하게 주의를 집중한다. 완성 가까이에서 조금이라도 선이 엇나가면 그동안에 들인 공은 탑과 함께 무너진다. 물론 어느 정도 수습할 수 있고, 때로는 여기서도 '위기가 기회'라는 명제가 통한다. 하지만, 붓 잡은 손을 쉬이 움직일 수 없다. 망칠까 선뜻 못 하는 두려움과 이젠 끝내야 한다는 결단이 오고 가길 수차례. 포기하는 마음으로 움직여야 그림 하나가 끝난다. 그리 한 순간 한순간, 하루 또 하루가 쌓여 그제야 간신히 꽃 한 송이 피운다. 열매 한 알 떨군다.

140×50㎝ 크기[3]의 내 첫 작품, 모란도는 사 개월 가까이 걸렸다. 화실 식구 모두에게 축하받았다. 선생은 '오랜 시간, 정성을 들여 더 곱다.'라며 나보다 더 좋아했다. 두어 달 후, 140×70㎝ 창작 민화를 시작했다. 어디까지 해야 끝날까 싶던 봄, 여름 내내, 나는 예뻐질 마지막을 믿고 채색하며 '오늘'을 보냈다. 그리고 심장을 부풀려 둥실 떠오르게 할, 꽃 한 폭을 온몸에 둘렀다.

지금은 전지 두 장(145×75×2)을 맞댄 대련 작품을 하는 중이다. 언제 모양이 나나, 이제는 색이 좀 보일까 하며 작업한다. 숨

---

[3] 동양화에서는 화판 호수가 아니라 작품 크기(세로×가로)를 직접 쓴다.

죽이며 선을 긋고 색을 칠하다가 안도의 한숨을 뱉을 때면 '끄끅' 뼈 꺾는 소리도 난다. 그런데 귀신이 놀랄 노릇은 괴롭고 지난할 그 고역을 내가 마다하지 않는 점이다. 그것도 기꺼이, 날밤을 패며 붙들고 있다. 만인의 시간 도둑, 유튜브도 이 마술에는 당할 재간이 없다.

올해 개인전을 열며 '그저 한 해 한 해 하다 보니 여기까지 왔다.'라고 감회를 말하던 선배 언니를 떠올린다. 나 역시 일하는 틈틈이 하루, 이틀, 사흘, 한 달, 두 달, 석 달, 계속 그림을 한다. 여섯 달째 막바지, 그 끝은 "예쁘다!"라는 감탄일 것이다.

누가 보든 말든 매 순간 제명을 다하는 꽃 한 송이에, 눈길 두는 사람은 미소로 호강한다. 누가 뭐라고 하든 좋아서 그리는 그림에 붓을 쥔 내 손이 움직이면, 한 획 한 번에 화폭 속 꽃은 생기를 얻고 예뻐진다. 누가 알아주든 아니든 파도가 바다의 일[4]인 것처럼, 그저 묵묵히 한 걸음씩 내딛는 오늘, 지금에 한 사람의 생이 듬뿍 짙어간다.

---

4 김연수 님의 [파도가 바다의 일이라면](문학동네, 2012)에서 빌어옴.

장려상

내 노년 총천연색으로 꾸는 꿈 - 고감

마음의 냉장고를 열어보다 - 공민숙

내일을 달려 오늘에 도착했다 - 이채안

나에게 충실했던 순간 그 10㎞의 기적 - 조승규

내 노년, 총천연색으로 꾸는 꿈

전주 · 고감

　누구나 유년 시절에는 많은 꿈을 꾸기 마련이다. 꿈이 없는 사람이더라도 하다못해 빨리 어른이 되고 싶은 바람은 한 번쯤 가져 봤을 것이다.

　아이들 꿈은 자주 바뀐다. 나는 처음에 피아니스트를 꿈꿨다. 그래서 피아노 한 대만 있으면 얼마나 좋을까 생각해 늘 피아노 가져 보기를 소망했다. 그러다 언젠가는 현모양처를 꿈꾸기도 했다.

　내가 태어나서 결혼할 때까지 살던 집에선 봄이면 뒷동산에 복사꽃이 흐드러지게 피는 모습을 볼 수 있었다. 서향으로 자리 잡은 집 앞엔 문전옥답이 널따랗게 펼쳐져 있었고, 문전옥답 끝자락에는 작은 언덕이 기다랗게 누워 있었다. 그 언덕은 집에서 바라볼 때, 스카이라인인 셈이어서 해 질 녘이면 어김없이 그 언덕배기로 해넘이가 있었다. 또 그 무렵에 저녁노을은 서쪽 하늘을 붉게 물들이곤 했다. 그래서 나는 당시 해가 우리 언덕배기 논으로만 넘어가는 줄 알았다.

나는 어린 시절에 동틀 무렵까지 단잠에 빠져 있느라 해돋이와 아침노을은 거의 보지 못했다. 그래서 지금도 복사꽃과, 붉은빛으로 나를 황홀경에 빠지게 하던 저녁노을만 총천연색의 기억으로 간직해 그 모습을 가끔 꿈에서 보기도 한다. 하긴 저녁노을 앞에서 어린 마음에 한때 시인을 꿈꾸며 시를 몇 편 써 보기도 했으니 당시 자연을 벗 삼아 놀던 추억이 꿈에도 잊힐 리 있을까 싶다.

꿈 많은 소녀였던 나는 결혼 후부터 반세기 가까이 천직으로 운영해 오던 피아노 학원의 원장 일을 접고 지금은 여유로운 삶을 보내고 있다. 그런데 이제야 비로소 시간에서 자유롭다 보니 어느덧 나이 여든을 바라보는 나 자신을 자각할 수 있었다.

좋든 싫든 나는 내가 인생의 황혼기에 접어든 사실을 현실로 받아들여야 했다. 그러다 시간이 나면서 발걸음을 집 옥상이나 뒷산으로 옮기는 횟수가 잦았다. 저녁 무렵 산책하기 위해 옥상이나 뒷산에 오르면 행여 노을을 볼 수 있을까 하고 습관처럼 서쪽 하늘을 바라보았다. 그러나 스카이라인도 불분명하고, 하늘도 대개 희뿌예서 정작 내가 어린 시절에 보던 하늘은 쉽게 볼 수 없었다. 그러면 어린 시절의 기억이 더 선명해졌다.

현직에서 은퇴하기 전엔 내가 좋아하는 일을 하고 있다는 자부심과 보람에만 도취돼 하늘 보는 일을 소홀히 했다. 당장의 경제적 이익에만 치중하느라 진정한 삶의 여유를 누릴 줄 몰랐다. 학원이 한창 원생들로 넘쳐날 때는 내가 마치 돈을 버는 데 신들린 사람 같다는 오만함도 가졌다. 그렇게 바쁘게 살았을 때를 생각하면 하늘을 보며 사는 일은 내게 무엇과도 바꿀 수 없는 호사요, 늦게 찾은 낭만이지 않을까 싶다.

내 어린 시절의 삶은 행복보다 불행에 가까웠다. 가난한 집의 육 남매 중 넷째로 태어난 나는 위로는 오빠들과 언니에게 밀리고, 아래로는 여동생들에게 밀렸다. 양보와 희생을 감내하며, 효도한다는 생각으로 홀어머니의 옹색한 살림을 돕느라 오랫동안 꿈을 접은 채 살아야 했다.

내 불행은 그뿐만이 아니었다. 결혼 후에는 남편의 무능과 외도 문제로 남편과 이별하고서 홀로 남매를 키우느라 나 자신을 돌아볼 겨를이 없었다. 하지만 이젠 자식들도 장성해 제 앞가림을 다 하니 이제는 나를 사랑함과 함께 그 원동력으로 남을 배려하고 사랑하며 살아가려 한다. 또 가는 세월이 쏜살같아 붙잡을 수 없으니 삶을 허투루 보내지 않도록 매사에 느긋하면서도 신중하게 살아갈 것이다. 내 다짐은 말뿐이 아니어서 그 실천의 일환으로 짬짬이 뒷산의 숲속을 거니는 동안 하늘을 보는 것은 물론 꽃도 보고, 새소리도 들으며, 자연과 하나가 되고 있다.

그런데 요즘은 꽃들이 언제쯤 꽃망울을 터프려야 하는지 헷갈려 하는 것 같다. 나무로서는 꽃을 피우겠다는 꿈을 간직해 눈보라와 비바람을 견뎌 냈을 텐데, 이상 기후 탓에 꽃을 피울 때가 아리송하기만 했을 것이다.

우리 집 앞마당의 목련만 하더라도 그렇다. 수년 전 가을에 날씨가 봄날 같다 싶었는데, 나무가 계절을 착각했는지 꽃망울을 터뜨릴까 말까 망설이는 것 같았다. 그러더니 결국 꽃을 피워 내지 못하고 그대로 말라 버리는 게 아닌가.

그런 일이 있은 뒤 정작 이듬해 봄이 되자 목련은 꽃을 피울 생각은 안 하고 딴전만 부려 기어이 나는 꽃이 없는 봄을 보내고야 말았다. 나무로서는 꿈을 잃어버린 셈이었을 것이다. 그래서 나는 올봄에도 꽃을 못 보면 어쩌나 하고 내심 걱정했다. 그런데 다행히 나무는 느지감치라도 꽃을 피워 주었다. 어렵게 핀 꽃이어서인지 꽃은 한결 우아해 보였고, 내게 잔잔하면서도 강렬한 행복감을 안겨 주었다. 꽃은 마치 모진 풍파를 이겨 낸 나 자신 같았다.

돌이켜 보면 어릴 적 그 가난하던 시절에 피아노 한 대 갖기를 꿈꾸던 내가 피아노 학원을 운영하면서 업라이트 피아노는 열 대 넘게 가져 보고, 그랜드 피아노까지 가져 보았으니 꿈을 열 배 더 이루고도 남았다고 할 수 있겠다.

나는 운 좋게 물질적인 꿈을 이룬 뒤 정신적인 행복을 찾았다. 물질적인 풍요를 먼저 맛본 사람은 정신적으로 곤궁해지기 쉽다.

사람의 욕심은 끝이 없기 때문이다. 그런데 욕망의 그릇이 차기 전에 자연으로 눈을 돌려 마음을 비울 수 있었으니 나는 얼마나 행복한 사람인가.

팔순이 코앞인 지금 내게 꿈이 더 있느냐고 묻는다면 망설임 없이 산 좋고 물 좋은 곳에서 피아노를 치며 사는 것이라고 말하겠다. 그리고 시골 같은 문화 소외 지역에서 내가 피아노 배우기를 갈망하던 기억을 떠올리며, 마음에 그늘을 가진 아이들을 사랑으로 지도하고 싶다. 아이들의 얼굴에 웃음이 가득할 모습을 생각하니 벌써부터 마음이 설렌다. 남은 삶이 덤이라고 생각하면 마음이 가벼워진다는 것을 예전엔 왜 미처 깨닫지 못했을까.

내겐 아직 살날이 많다. 그리고 인생을 소설의 오 단계 구성에 빗대자면 내겐 '결말'이란 시간이 남아 있다. 아직 '절정'이란 시간을 보내고 있는 내가 어떤 꿈을 꾸느냐에 따라 '결말'은 얼마든지 달라질 것이다. 감동스러운 결말을 짓기 위해 나는 앞으로 날마다 더 알찬 꿈을 꾸며 살 것이다.

내 노년은 총천연색으로 꾸는 꿈이다. 노후에 꿈을 색칠할 수 있으니 사는 순간순간이 어찌 행복하지 않을까. 비록 몸은 늙고, 기력은 쇠했어도 내 마음은 언제나 청춘이다.

나는 여전히 꿈 많은 소녀티를 가졌는지 신이 내게 준 재능을 아낌없이 기부하고 싶은 마음을 갖고 있다. 꼭 시골이 아니더라도 요양 병원 같은 곳에서 피아노 연주로 봉사하고 싶기도 하고, 심신이 연약한 사람들에게는 음악으로 정서적 안정을 주고 싶기도 하다. 나는 남은 꿈을 멋지게 이룰 것이라 믿는다. 내 행복의 꿈은 대기만성이니까.

마음의 냉장고를 열어보다

노원 · 공민숙

 집에 틀어박힌 날이면 어김없이 냉장고를 연다. 배가 고프지도 않으면서, 허전한 마음에 괜히 냉장고 안을 들여다본다. 냉장고 안에 남아있는 식자재를 하나하나 살펴본다. 이럴 수가! 며칠 전까지만 해도 하얗고 폭신폭신했던 식빵에 푸른색 곰팡이가 피어 올라와 있다. 엊그제까지만 해도 괜찮은 줄로만 알았는데…. 아깝지만 버릴 수밖에 없다.

 사람의 마음이라는 것도 이와 비슷하다. 마음속 냉장고에 쌓아 놓은 수많은 감정이라는 재료들이 늘 싱싱하고 괜찮은 줄 알았지만, 오랜 시간 내버려 두면 어느샌가 썩어 문드러진 모습을 마주하게 된다. 매일매일 집안 냉장고를 열어보듯이 하루하루 내 마음속 냉장고를 열어본다. 이것이 나의 하루를 충실하게 보내는 방법이다.

아침에 눈을 뜨면 잠을 깨워줄 시원한 냉수를 꺼내 마시듯이, 아침이면 나의 마음속에 있는 '기대감'을 꺼내 마셔본다. 어제보다 더 나은 하루를 보낼 거라는 기대감, 오늘 하루 좋은 일이 일어날 거 같다는 기대감으로 잠에서 깨고 하루를 기운차게 시작한다.

시장에서 장을 보고 냉장고를 정리한다. 재료를 차곡차곡 넣는다. 채소 중에서도 대파는 번거로운 녀석이다. 길쭉한 대파를 손질하고 흙모래를 물에 씻은 뒤 물기를 잘 닦아주어야 한다. 물기가 묻은 채로 냉장고에 넣어버린다면 며칠 가지도 않아 곰팡이가 금방 슬어버린다.

사람의 마음도 마찬가지다. 흐르는 눈물을 제때 닦지 못하고 외면하면 그 눈물은 마음에 쌓여 곰팡이가 생겨버리고 마음은 곧 물러버릴 것이다. 흐르는 당신의 눈물을, 그 뺨을 잘 닦아주도록 하자.

오늘은 시장에서 500원에 순두부 한 덩이를 사 왔다. 문득 순두부와 자신의 모습을 비교해본다. 평소 무른 성격이라 주변 사람들의 걱정을 얻기도 하고 한 번 상처받으면 쉽사리 뭉개져서 망가지는 나약한 존재이지만, 꽤 쓸만한 존재라는 것을. 너는 샐러드도 될 수 있고 찌개도 될 수 있단다.

오늘의 저녁 메뉴는 바로 순두부찌개. 애호박, 계란, 고춧가루, 파 등등 가장 흔하고 흔한 재료들을 모아본다. 어느 집에나 있는 흔한 재료들이지만 요리에 있어, 없어서는 안 될 가장 중요한 존재들이다. 이 존재들이 모이면 다재다능한 맛을 낼 수 있다.

사람들의 마음속에도 이런 흔하지만, 꼭 필요한 감정의 재료가 있기 마련이다. 어린 시절 친구와 재밌게 놀다가도 투덕거리며 싸워본 유년 시절의 추억, 새로운 시작을 위해 떠나는 설렘과 고향을 떠날 때의 쓸쓸함, 처음 아르바이트를 하면서 일이 서툴러 혼이 났던 기억, 첫사랑을 만나 아낌없이 사랑했던 기억들. 누구에게나 마음속에 있는 흔한 이야기들. 그 속에서 느꼈던 희로애락을. 그 추억을 가지고 나는 오늘 새로운 추억을 만들어낸다. 마치 순두부찌개처럼.

수많은 재료를 썩힌 채로 둘지, 잘 다듬고 보관해서 새로운 요리를 만들어낼지, 흔한 재료이지만 맛있는 요리를 만들기 위해서, 흔한 경험이었지만 더 나은 사람이 되기 위해 나는 내 마음의 냉장고를 열어본다. 그리고 나만의 요리를 완성해 나간다.

순두부와 각종 채소를 냄비에 넣고 끓어오르면 얼큰하게 고춧가루를 뿌려준다. 보글보글 소리와 함께 찌개가 맛있게 완성될 즈음 사랑하는 가족이 돌아온다. 앉은 자리에서 한 그릇을 싹싹 비우는 모습을 내 마음속에 새롭게 보관한다. 다음에 이 행복을 꺼내어 새로운 추억을 또 만들어나갈 수 있겠지.

이렇게 하루하루 나의 마음의 냉장고를 열어보는 일이 나의 하루를 충실하게 보내는 방법이다. 내 마음이 상하지 않게 또 사랑하는 사람에게 작지만 소중한 추억을 만들어주기 위해.

내일을 달려 오늘에 도착했다

포천 · 이채안

　요즘 유행하는 MBTI 중, 'N' 성향을 가진 사람들은 입버릇처럼 이렇게 말하곤 합니다. '만약에 말이야….' 그들의 머릿속은 크고 작은 상상으로 하루 종일 분주합니다. 첫사랑 앞에서 창피당했던 중학생 시절부터, 오늘 저녁에 뭘 먹을지까지, 과거와 미래를 넘나드는 생각들이 쉴 없이 흐릅니다. 이들의 생각 회로를 제가 왜 이리도 잘 아느냐고요? 바로 제가, 그 N 성향을 타고난 사람 중 한 명이기 때문입니다.

　이처럼 자잘한 상상과 일어나지 않은 가정을 반복하는 사람은 대개 '지금, 이 순간'에 머물기 어렵습니다. 과거는 언제나 우리의 발목을 붙잡고, 현재는 느낄 새도 없이 순식간에 흘러가 버리며, 미래는 두렵기에 마음의 준비를 하느라 바쁘기 때문입니다. 그래서 현재는 언제나 제게 과거와 미래 사이 어딘가 존재하지만 느낄 수 없는 순간이었습니다.

그러던 어느 날, 처음으로 제게 '오늘'이라는 감각을 느끼게 해준 일이 있었습니다. 일본 대학 교환 학생을 목표로 눈코 뜰 새 없이 바쁜 나날을 보내던 대학 시절, 그 당시 저는 집안 사정이 좋지 않아 독학과 일본 생활비 마련을 동시에 해야 했습니다. 매일 아르바이트 두 개를 병행하며 어학 자격증과 인터뷰 준비까지. 그때 저는 오로지 미래만을 바라보며 달렸습니다.

일본 대학 기숙사에 들어간 첫날, 저는 그날 무척 기뻤던 걸로 기억합니다. 그런데 참 마음이란 게 이상하죠. 기뻤던 것도 잠시, 그날부터 저의 기분은 점점 하강 곡선을 그리게 되었습니다. 그토록 바라던 목표를 이루자 뜻밖에도 허탈감이 마음 깊은 곳에서 올라왔습니다.

반짝이던 미래에서만 살던 제 마음은 점점 무료한 현재로 밀려났습니다. 정작 그토록 오랫동안 꿈꾸던 일본에 왔는데도 이게 정말 내가 원하던 일이 맞나 의심까지 하게 되었습니다. 밥맛은 점점 사라지고 새로운 사람들을 만나는 것도 귀찮았습니다. 전혀 예상치 못한 우울감마저 밀려와 급기야 일본 생활에 흥미를 잃기 시작했습니다.

그러던 중, 땅거미가 지는 어느 늦은 겨울 오후. 아르바이트를 마치고 자전거를 끌며 집으로 돌아가는 길이었습니다. 갑자기 코끝이 찡할 만큼 서늘한 바람과 함께 구수한 밥 냄새가 코안으로 쑥 밀려 들어왔습니다. 그 순간 저도 모르게 땅바닥을 향하던 고개를 치켜들어 위를 바라보았습니다.

그러자 그동안 눈에 들어오지 않던 풍경들이 서서히 보이기 시작했습니다. 어둠이 내려앉기 시작한 하늘과 그 위를 수놓는 푸르고 붉은 노을. 모락모락 피어오르는 굴뚝의 하얀 연기. 딸그락거리는 자전거 바퀴 소리와 핸들을 잡은 손을 얼리는 차가운 바람.

갑자기 발을 딛고 있는 '지금, 이 순간'이 너무나도 선명하게 다가와 순식간에 저를 사로잡았습니다. 마치 보이지 않는 손이 과거와 미래를 떠도는 제 영혼을 붙잡다가 여기에 세워둔 것 같았습니다. 저는 그때 깨달았습니다. 바로 이 순간이 그토록 바랐던 미래의 '지금'이라는 것을.

그랬습니다. 간절히 손을 뻗어 붙잡은 미래는 막상 현실이 되자 생각만큼 빛나지 않았고, 상상 속 풍경과는 다소 다른 냉정한 얼굴을 하고 있었습니다. 허무했고, 어쩌면 실망스럽기도 했습니다.

하지만 그렇기 때문에 더없이 진실한 감각이었습니다. 저의 마음이 미래가 아닌, 현재에 머물기 시작했다는 소중한 증거였기 때문입니다.

신기하게도 그 사실을 깨닫기 시작하자, 헛헛했던 마음이 감사의 마음으로 천천히 채워지기 시작했습니다. 그동안 무심히 지나쳤던 일상, 그리고 너무나 당연하게 여겼던 사람들의 작은 배려들. 어떻게 이 모든 것들을 그동안 아무렇지 않게 넘길 수 있었는지 저 자신이 새삼스러울 정도였습니다.

그건 몸과 마음이 현재에 머물기 시작하자 생겨난 변화였습니다. 과거와 미래 생각들로 혼탁했던 마음이 가라앉자, 그 아래에서 투명한 마음 하나가 조용히 떠올랐습니다. 세상에는 결코 당연한 것이 없고 우연처럼 보이던 일조차 누군가의 손길 덕분이라는 것. 아무렇지 않게 쥐고 있던 현실이 사실은 얼마나 큰 행운이었는지도 그제야 손바닥이 아릴 만큼 느낄 수 있었습니다.

그렇게 저는 아무도 없는 타국의 어느 골목길에서 '현재'를 만났습니다. 아주 오랫동안 미래를 달려 비로소 오늘에 도착할 수 있었던 것입니다.

가끔 마음이 또 미래를 향해 달음박질칠 때 이 순간을 떠올리곤 합니다. 그러면 어디선가 하얀 연기와 함께 그날의 서늘했던 바람이 불어오는 것만 같습니다.

머리칼이 바람에 살랑살랑 흔들립니다.

아, 저는 지금, 오늘을 살고 있습니다.

나에게 충실했던 순간, 그 10km의 기적

양주 · 조승규

1988년, 저는 중증 뇌병변 장애인으로 태어났습니다. 태어날 때부터 휠체어는 저의 필수적인 일부분이었고 제게는 걷는 것조차 다른 사람들의 도움 없이는 불가능한 일이었습니다. 어릴 적부터 운동장에 서는 것도 친구들과 함께 뛰어노는 것도 꿈같은 일이었죠. 세상은 제게 많은 것을 제한적으로 허락했지만 그 한계를 넘어서기 위한 작은 도전은 늘 마음 속에 존재했습니다.

이렇게 살아오면서 저는 '내가 살아간다'라는 의미를 곰곰이 생각해봤습니다. 어떤 사람들은 나보다 더 많은 걸 가지고 더 많은 것들을 할 수 있을지도 모릅니다. 그러나 저는 제 한계를 인정하고 그 안에서 나만의 방법으로 작은 기쁨을 찾으며 살아왔습니다. 그저 살아간다는 것은 때로는 다른 사람들처럼 큰 성취를 이루는 것이 아니라 내 삶을 온전히 느끼고 그 순간에 충실하는 것임을 깨닫게 되었습니다.

그러던 중 2025년 3월 1일, 제 인생에서 가장 특별한 날이 찾아왔습니다. 그날, 저는 처음으로 마라톤에 참여하게 되었습니다. 평생 휠체어와 함께한 저는 과연 마라톤을 완주할 수 있을지에 대한 불안감이 컸습니다. 하지만 그 불안보다 더 큰 것은 '한 번이라도 해보고 싶다'라는 욕망이었습니다. 무언가 새로운 도전, 새로운 경험을 통해 제 한계를 넘어설 수 있을 것 같았기 때문입니다.

마라톤을 준비하면서 수많은 고민이 있었습니다. 휠체어로 10㎞를 주파하는 게 쉬운 일은 아니었습니다. 훈련을 할 때마다 체력도 부족하고 길이 험난하게 느껴졌습니다. 그러나 마라톤 당일, 저는 출발선에 섰습니다. 그 순간, 지나가던 모든 사람이 박수를 보내주고 응원의 목소리가 가득했습니다. 많은 사람 속에서 느끼는 에너지는 그동안 제가 경험해본 적이 없는 종류의 힘이었죠. 그런 힘이 제 안에서도 일어나며 저는 '이 순간만큼은 내게 충실하자'는 마음으로 휠체어로 나아가기 시작했습니다.

그날, 10㎞를 달리며 저는 여러 번 마음을 다잡아야 했습니다. 다리가 아프고, 손에 땀이 흐를 때도 있었지만, 그럴 때마다 주위에서 들려오는 응원의 목소리와 함께 달려가는 다른 참가자들의 모습은 제게 큰 용기를 주었습니다. 사람들의 격려 속에서 저는 더욱 힘을 내서 휠체어를 밀었고 끝내 3,264명 중 2,419등으로 완주할 수 있었습니다.

그 순간, 제 자신에게 말했습니다. '내가 할 수 있구나.' 장애를 극복했다기보다는 그 순간 그 자체를 살아냈다는 느낌이 강하게 들었습니다. 10㎞를 완주했다는 사실보다 중요한 것은 그 과정에서 제가 느낀 감정과 그때의 내 마음가짐이었습니다. 어떤 이들에게는 작은 도전일지 몰라도 저에게는 평생을 휠체어에 앉아 살아온 사람으로서 그 어느 순간보다 값진 성취였던 것입니다.

사람들은 종종 "지금 이 순간을 살라"고 말합니다. 하지만 때로 그 말은 너무 추상적이고 막연하게 느껴지기도 합니다. "지금을 살라"는 말을 현실에서 실천하는 것은 쉽지 않죠. 그럼에도 불구하고, 저는 그날 마라톤을 통해 그것이 무엇인지 조금은 이해할 수 있었습니다. '지금을 살기 위해선, 내가 원하는 것을 놓치지 않고, 그 순간에 나의 최선을 다하는 것'이 바로 그것이었습니다. 장애라는 한계 속에서도 저는 그 순간만큼은 제 자신에게 충실하게 제 속도대로, 제 방식대로 달렸습니다.

마라톤을 마친 후에도 저는 많은 것을 깨달았습니다. 장애를 뛰어넘었다는 성취감도 있었지만 그보다 더 중요한 것은 내가 지금 이 순간을 살아냈다는 확신이었습니다. 우리가 가진 시간은 늘

한정적이지만 그 시간을 어떻게 살아가느냐는 온전히 우리에게 달려 있습니다. 때로는 어렵고 힘든 상황 속에서도 내가 원하는 목표를 향해 나아가는 것만큼 중요한 일이 없다는 사실을 깨달았습니다.

이제는 하루하루를 좀 더 소중하게 여기며 살아가고 있습니다. 누군가에게는 사소한 일일지라도 내가 무엇을 선택하고 어떤 방식으로 그 순간을 살아갈지는 제게 있어서 중요한 일이기 때문입니다. 제 인생에서 마라톤이라는 특별한 경험을 통해 저는 조금 더 자신감 있게 내 방식대로 '지금'을 살아가고 있습니다. 과거에 대한 후회나 미래에 대한 두려움이 덜어졌고 그 대신 '지금'을 충분히 즐기고, 그 순간을 온전히 살아가려고 합니다.

제 인생에서 중요한 것은 성취나 결과가 아니라 그 과정을 진심으로 살아내는 것이었습니다. 그리고 그 과정 속에서 저는 다시 한번 깨달았습니다. 지금 이 순간 내게 충실하게 살아가는 것만으로도 충분히 멋진 삶이 될 수 있다는 것을.

입선작

경동숙 고봉국 곽유경 기다은 김미옥 김민정
김선영 김성원 나금숙 도유리 문정희 박선애 박소영
박신호 박정은 이수아 심아나스타샤 안창식 양성자
우재인 이다혜 이진주 임원석 임채율 임한호
정주희 조모현 조은경 진상용 천익승

서른 해, 꽃이 피다

여주 · 경동숙

    남편은 아들만 둘인 집안에 장남으로, 시장 한복판 양복점에서 자랐다. 철마다 바뀌는 옷감 냄새가 계절이었고, 시장 골목의 소음이 자연의 소리였다. 꽃보다 바삐 살아온 시간들 속에, 흙냄새 한 번 맡을 여유조차 없이 자란 사람이다.

    반면 나는 사방이 들판으로 둘러싸인 작은 시골 마을에서, 평생 흙을 일구며 살아온 부모님 곁에서 자랐다. 고등학교를 졸업할 때까지 십 리 길을 걸어서 다니다 보니, 들꽃은 친구처럼 익숙했고, 나무는 말없이 위로가 되어 주었다.

    남편과 나의 삶은 전혀 다른 두 계절이 만나 어우러지는 풍경이었다.

    결혼 후 남편은 우리 집에 와서 고구마를 캐고, 도리깨질하는 엄마를 흥미롭게 바라보다 따라 해 보기도 했지만, 농사일에 진심을 담는 모습은 좀처럼 보기 어려웠다.

그런 남편에게, 나는 아이들이 다 크면 시골로 들어가 살고 싶다고 했다.

둘째가 고2가 되던 어느 봄날, 나는 선언을 하듯 말했다.

"이제 애들도 다 컸으니 당신이 안 가면 나 혼자라도 시골로 들어가서 흙 밟으며 살 거야."

남편이 반대할 것을 예상하고 딸을 든든한 지원군 삼아 옆에 앉혀 놓은 상태였다. 그런데 의외로 남편은 조용히 말했다.

"그렇게 시골에서 살고 싶다면, 살고 싶은 곳을 찾아봐. 대신 산 넘고 물 건너야 갈 수 있는 외딴곳은 안 돼."

나는 딸과 하이 파이브를 하며 신이 나서, 혼자 미리 봐두었던 후보지를 남편에게 보여주었다. 그리고 남편이 허락한 지금의 이곳으로 이사를 오게 되었다.

남편은 농사일이 재미없다고 했고, 장미와 코스모스 외에는 꽃 이름도 몰랐다.

"몰라도 사는 데 아무 지장 없더라. 알고 싶지도 않아."

그랬던 사람이, 나를 위해 이사를 와준 것만으로도 나는 충분히 감사해야 한다고 생각했다.

혼자 나무 시장을 다니며 작은 묘목들을 사 날랐으나 삽으로 땅을 파서 심는 일은 어쩔 수 없이 남편의 도움을 받아야 했다. 그럴 땐 마음에도 없는 말과 온갖 아양을 떨며 남편을 달랬다. 그는 이 일만큼은 자신만이 할 수 있는 일인 양 거들먹거리며, 선심 쓰듯 도와주었다. 그런 그의 모습이 못마땅하기도 했지만, '그래도 내가 한 수 위지' 하는 마음으로 웃으며 지나왔다. 그렇게 살아온 세월이 벌써 4년이 되었다.

지난해 가을, 집 주차장 위에 태양광 패널을 설치했다.

봄볕이 따뜻해지자, 나는 태양광 아래 남겨진 공간을 바라보며 정자가 하나 있었으면 좋겠다는 생각이 들었다.

공사가 끝난 바닥을 정리해 두고, 그날도 평소처럼 외출을 했다. 돌아와 보니, 남편이 인부들이 두고 간 보도블록을 땀을 흘려가며 앞마당으로 옮기고 있었다. 무슨 일인가 싶어 물었더니, 남편은 이마의 땀을 훔치며 말했다.

"얼마 안 있으면 우리 결혼기념일이더라고, 당신하고 벌써 30년을 살았네. 참 오래도 살았지?" 능청스러운 농담처럼 던진 말이었지만, 나는 가슴 한편이 져려 오는 것을 느꼈다. 그래도 겉으로는 '그러게' 하고 무심한 듯 대답했다. 남편은 무슨 일인지 혼자 싱글벙글 웃고 있었다.

"당신, 젊을 때부터 보자기만 한 꽃밭이라도 가꾸며 사는 게 소원이라고 노래를 불렀잖아. 내 귀에 딱지가 앉을 정도로. 이제 그 딱지 떼려고 화단 만드는 중이야. 당신 나랑 살아주느라 애썼어. 앞으로도 쭉 그렇게 살아달란 선물이야. 당신 소원대로 심고 싶은 꽃 마음껏 심고 가꾸며 살아. 나는 그 화단이 미어터지는 것 구경

하며 살게."

남편의 말에 나는 한참을 말없이 서 있었다. 세상에, 살다 보니 이런 날도 오는구나 싶었다.

남편은 이제 말한다. "이곳으로 이사를 오지 않았다면, 꽃이 그렇게 많은지도, 그렇게 예쁜지도 모르고 평생을 살았을 거야. 그런 걸 모르고 세상을 떠났다면 너무 억울했을 것 같아"

나는 그 말을 들으며 생각했다. 내 인생에 이보다 더 큰 경사가 있을까?

우리 인생에는 값으로 매길 수 없는 것들이 참 많다. 그러나 우리는 살다가, 어느 틈엔가 삶의 무게를 물질에만 두고 너무 많은 것을 놓치고 있는 건 아닌지 문득 돌아보게 된다.

이제 나는 남편과 함께, 우리 둘만의 계절을 천천히 그려가고 싶다. 서른 해를 지나 피어난 이 꽃들처럼, 삶도 정성 들일수록 더 깊이, 아름답게 피어난다는 것을 알게 되었으니까.

희망이 어디 있냐고 나에게 물으신다면

대구 · 고봉국

　내 나이 43, 희망이라곤 찾아볼 수 없는 나에게 작은 파랑새가 찾아왔습니다. 이제야 알 것 같습니다. 희망은 곧 내가 만들어야 된다는 것을…. 예전엔 미처 몰랐습니다.

　저는 글쓰기를 좋아하고, 혼자 있을 땐 혼자만의 공상의 나래를 펼치기를 좋아합니다. 뇌성마비 장애를 가졌고, 뇌전증으로 병상에서 누워 있지만, 휠체어를 타고 밤 산책하기를 좋아합니다. 여행하는 것도 좋아하고, 뭐든 잘 먹고 활발하고 자신감 넘치는 남자입니다.

　장애는 제 모습의 한 부분입니다. 하지만 저는 장애로 인해 제 삶의 많은 부분을 포기하거나 제한을 받아 왔습니다. 특히 소변을 볼 때 남들은 서서 볼일을 보는데 저는 기어서 바지를 다 벗을 때 기분이 참 비참합니다. 죽고 싶을 심정입니다. 하지만 포기란 없다는 심정으로 하루하루를 버티고 있지요.

저는 어릴 때부터 장애와 뇌전증을 함께 안고 살아왔습니다. 두 가지 장애 때문에 도와주는 사람이 없으면 아무것도 할 수 없었고 이 때문에 가족도 어려움을 겪었습니다. 하지만 저는 도움을 받고서만 살 수 없다 생각해 25살에 시설로 들어갔습니다.

시설에서의 생활은 가족들과 떨어져 낯선 곳에 혼자 남겨졌다는 두려움과, 평생 이곳에서 살다 죽을 것 같다는 무서움이 함께했습니다. 반복되는 생활과 단체생활이라는 이유로 정해진 규칙들에 늘 답답함을 느꼈습니다. 생활교사의 도움으로 일주일에 다섯 번 병원에 가서 검사를 받는 것 말고는, 정해진 시간에 밥을 먹고, 자고, 놀아야 했습니다.
생활교사의 눈총을 피하려면 말 잘 듣고 튀지 않아야 했고, 장애인의 날이나 후원 행사 같은 날이면 앞에 나가 웃고 사진을 찍고 공연을 보며 누군가의 기분에 맞춰야 했습니다.

나이가 들고 생각이 많아질수록 여기서 살다 밥만 먹다 죽을 것 같아 시설을 나오기로 결심했습니다. 시설을 나가겠다고 했을 때 시설 선생님들은 혼자 살 수 없을 거라며 걱정부터 했고, 가족들도 많이 반대했습니다. 그러나 그 안에서 몇 번이고 내 결심을 다지면서 주위 사람들을 설득했고 저는 40살이 되던 해 시설을 나왔습니다.

막상 시설에서 나오니 갈 곳도 없고 다시 집으로 돌아갔습니다. 처음에는 가족이 날 반겨주고 안부를 물었지만, 점점 가족들도 힘들어했고 서로 지쳐가기만 했습니다.

어느 날, 나에 대해서 곰곰이 생각을 해 봤습니다. 그랬더니 그것은 장애인을 위한 스포츠 경기, 보치아[5]가 떠올랐습니다. 부모님께 하고 싶다고 말씀을 드렸더니 처음에는 반대를 하셨지만, '자식 이긴 부모는 없다'는 말처럼 내가 설득한 끝에 허락을 받았습니다.

다시 집을 나와서 지금은 활동보조인과 함께 내 꿈에 한 발 한 발 다가가고 있습니다. 언젠가는 열심히 해서 꼭 장애인 국가대표가 되리라 믿습니다.

시설에서는 지금도 자립생활을 꿈꾸는 많은 사람들이 있습니

---

5 보치아(Boccia): 중증장애인을 위한 공 던지기 경기로, 표적구에 공을 가장 가깝게 던져 점수를 얻는 스포츠입니다. 1984년 패럴림픽 정식 종목으로 채택되었으며, 골볼과 함께 올림픽에는 포함되지 않은 유이한 패럴림픽 종목입니다.
고대 그리스의 공 던지기 경기에서 유래한 것이며 국제 뇌성마비 스포츠 레크리에이션 협회에서 볼링과 비슷한 스포츠로 소개되었고, 후에 1984년 하계 패럴림픽부터 정식 종목으로 채택되었다. 보치아는 보치아 국제 스포츠 연맹 (BISFed)에서 주관하며, 골볼과 함께 올림픽 정식종목에 포함되지 않은 유이한 패럴림픽 종목이기도 하다.

다. 그리고 이런 꿈을 꾸지만 과연 그렇게 살 수 있을까 하는 두려움에 포기하는 사람들이 있습니다. 저는 그런 친구들에게 이야기하고 싶습니다. 자신감을 가지고 나오라고. 두려움 가득한 자신과 싸우고, 반대하는 주변 사람들과 싸워야겠지만, 그건 혼자 살지 못하는 장애인의 문제가 아니라 삶을 선택할 기회도 주지 않고 시설에만 모아두었던 '사회의 문제'라고 말입니다.

지금도 장애인이 지역 사회에서 사는 것이 힘들지만 '장애인은 당연히 시설'이라는 잘못된 인식과 제도가 바뀌도록 함께 싸우자고, 저는 오늘 이야기하고 싶습니다.

어느 날이었습니다. 늘 헌신적으로 저를 케어해주시는 활동 도우미 선생님께 마음으로 보답해 드려야겠다는 생각을 해왔었는데, 때마침 선생님의 생일이 다가왔습니다. 저는 꿈에 그리던 야간 학교에 들어가 활동 도우미 선생님하고 열심히 하던 때였습니다. 그날 너무 고마워서 오후에 시내 서점에 가 선생님께 자그마한 시집을 선물로 드렸습니다. 그날 저녁, 활동 도우미 선생님은 입가에 미소를 지었습니다. 작은 일이었지만, 저에겐 큰 행복이었습니다.

전 절망 속에 분명히 싹이 나온다는 것을 느낍니다. 오늘 전 꿈을 향해 활동 도우미 선생님과 함께 한 발짝 내딛습니다. 절망이 희망으로 바뀌는 순간까지. 그리고 사람들에게 말하고 싶습니다. 고통은 생각하기 나름이라고. 지금의 고통은 현재진행형이지만 곧 파랑새를 만날 것입니다. 지켜봐 주세요.

초록빛 파도의 위로

해남 · 곽유경

 오늘은 유난히 더웠다.
 5월 중순이라는 말이 무색할 만큼, 비닐하우스 안은 이미 초여름의 열기로 가득했다. 서늘했던 새벽 공기가 채 걷히기도 전에 해는 중천에 올랐고, 햇살은 비닐을 뚫고 내려와 거침없이 등을 내리쬐었다. 이마에 맺힌 비지땀은 이내 흘러내렸고, 장갑을 낀 손은 목욕탕에서 오래 있던 것처럼 쭈글쭈글해졌다. 밤호박의 곁순을 따느라 허리를 폈다 구부리고, 앉았다 일어서기를 반복하며 시간은 흘렀다. 얼마나 지났을까. 눈가로 흐른 땀에 눈이 따가워 손을 멈췄다. 땀이 아니라, 바람이 간절한 순간이었다. 물 한 모금보다 더 절실한 건 잠깐의 휴식이었다.

 텃밭 쪽으로 천천히 걸어 나왔다. 바람 한 줄기만이라도 맞으면 다시 버틸 수 있을 것 같았다. 기대는 크지 않았다. 그저 숨 좀 돌릴 수 있으면 좋겠다는 생각뿐이었다. 그런데, 뜻밖의 풍경이 나를 멈춰 세웠다. 쌩— 하는 바람이 지나가는 소리에 고개를 들자, 초록빛 물결이 눈앞을 가득 메우고 있었다. 바람에 일렁이는 보리밭이 거대한 물결처럼 넘실거렸다. 바다가 육지로 밀려든 듯, 초록의 파도는 너울지며 가슴을 울렸다. "우와…" 감탄이 저절로 새어 나왔다. 한참을 그렇게 서 있었다. 그저 바라보았다. 그 순간만큼은 온 세상이 조용해진 것 같았다.

그 밭은 마을 할아버님 밭을 임대하신 또 다른 어르신께서 작년 가을, 배추를 수확하고 보리를 심으셨던 모양이다. 귀농 9년 차. 여러 계절을 보냈지만, 이렇게 마음이 벅찬 풍경은 처음이었다. 어쩌면 그동안 몇 번쯤은 스쳐 지나쳤을 풍경이지만, 일에 치여 마음의 눈을 감고 살아 감동적이지는 않았다. 그런데 오늘은 달랐다. 오늘의 나는, 그 풍경 앞에서 발을 떼지 못했다.

주머니에서 휴대전화를 꺼내 영상으로 남겨보려 했다. 하지만 화면 속에 담긴 보리밭은 내가 느낀 그 순간의 떨림과 감동을 담아내지 못했다. 내 눈으로 본 초록은 살아 있었다. 그 물결은 시간의 흐름을 타고 흘렀고, 바람이라는 악보에 맞춰 춤을 추고 있었다. 빛과 바람, 그리고 그 위에 얹힌 고요함이 한데 어우러져 마치 한 편의 시처럼 내 마음에 번졌다.

그때 깨달았다. 바람에 흔들린 건 보리가 아니라, 위로받고 싶었던 내 마음이었다. 초록빛 파도는 나를 어루만지는 듯했다. "괜찮다"라고, "잘하고 있다"라고 말하는 것 같았다. 고된 하루의 한가운데, 이렇게도 뜻밖의 위로를 받을 줄이야. 아무도 보지 못한 곳에서, 아무도 모르게 내 마음이 충전되고 있었다.

귀농한 지 아홉 해. 그 시간 동안 참 많은 계절을 건넜다. 언 땅을 뚫고 씨앗을 심으며 희망을 품었고, 기대가 절망으로 돌아온 날도 있었다. 폭염과 태풍, 병해충과 고된 노동, 그리고 고요한 새벽과 별이 쏟아지던 밤까지… 땅 위의 모든 것이 그동안의 삶이었고, 어느새 몸보다 먼저 마음이 농부의 아내가 되어 있었다.

오늘처럼 하루를 깊이 들여다본 적은 많지 않았다. 하루하루가 농사에 적응하느라 분주했고, 계절은 어느샌가 앞질러 가버렸다. 그래서 오늘처럼, 몸을 잠시 쉬려고 멈췄다가 마음을 마주한 날은 더욱 고맙다. 잠시 숨 고르듯 머무른 그 자리에, 내가 다시 살아갈 이유가 자라고 있었다.

누군가 오늘 뭐 했냐고 묻는다면, 나는 이렇게 대답할 것이다.
"초록의 파도를 보았다"라고.
그 한마디에 담긴 의미는 누구보다 나 스스로가 잘 안다. 단순히 아름다운 풍경을 본 것이 아니라, 오늘의 내가 "지금 여기"에 있다는 것을 느꼈다는 뜻이다. 내일을 준비하되, 오늘을 놓쳐선 안 된다. 오늘 뿌린 씨앗이 내일의 수확이 되듯, 오늘 내가 살아낸 하루는 내일을 견디게 할 힘이 된다.

이토록 아름다운 풍경을 이제야 감탄하고 있는 내가, 귀농 9년 차나 됐으면서도 여전히 새삼스럽고 들뜬 이 마음이, 참 촌스럽다. 하지만 그런 나 자신이 밉지 않다. 오히려 그 촌스러움 덕분에 나는 오늘을 깊이 느낄 수 있었다. 아직 감탄할 줄 아는 마음이 남아 있다는 사실이 고맙다. 초록의 물결 위에 마음을 띄우고, 다시 살아갈 힘을 얻게 되었다. 그리고 그 순간을 품은 오늘의 나는, 충분히 잘 살았다.

과거에서 온 편지

화성 · 기다은

2025년 새해 첫날이었다. 인터넷 커뮤니티 게시물에 댓글이 달렸다는 휴대전화 알림이 왔다. 최근에 작성한 게시물이 없어, 의아한 마음으로 댓글 내용을 확인했다.
'잘 지내? 카이도 잘 컸어?'

확인해 보니 10년 전에 썼던 글에 달린 댓글이었다. 2015년 10월, '10년 후 내게 쓰는 편지'라는 게시판에 나는 다음과 같은 짤막한 글을 남겼었다.
'와 서른셋 회사 안 때려치우고 잘 다녔으면 좋겠고 돈 좀 모았니? 얼른 집 사자, 카이도 건강하게 잘 컸으면 좋겠다.'
어느덧 10년의 세월이 흘렀고 어떤 회원의 댓글 덕분에 내 지난 10년을 되돌아볼 수 있었다.

편지를 받았을 당시, 나는 직업적인 고민으로 방황하고 있었다. 한 직장에 오래 머물지 못하고 이 직업 저 직업을 전전하는 내가 못마땅했다. 어렵게 합격한 공무원 생활을 그만둔다고 했을 때, 주변의 걱정과 만류가 엄청났다. 다 그러고 산다, 그 정도도 못 버티냐는 이야기를 들으면 들을수록 위축됐다. 그만두고 나서는 어디를 가나 도대체 왜 그만둔 것인지 집요하게 물어대는 사람들 때문에 한동안 곤혹스러웠다. 그쯤 되자, 스스로가 나약해서 일에서 도망친 것이라는 데까지 생각이 미쳤다. 점점 무기력해졌고 다른 일을 하기까지는 꽤 오랜 시간이 걸렸다. 적성을 찾아 소프트웨어 프로그램 개발자로 취업했지만, 그마저도 오래가지 못했다. 두 번째 직장에서 퇴사했을 때는 어떤 일도 꾸준히 할 수 없는 사람이라고 자책했다.

직선으로 곧게 뻗은 성공 가도를 한눈팔지 않고, 쉼 없이 달리는 것만이 모범적인 삶의 방식이라고 여겼다. 안정적인 직장 생활이 곧 행복의 기반이라고 믿었고 그동안 선택했던 직업들도 사회적 지위나 연봉 수준이 높은 직업이었다. 거기에 내가 진짜 하고 싶은 일에 대한 고민은 빠져있었다. 일은 그저 돈벌이 수단이므로 어떤 일이든지 어느 정도는 해낼 수 있다고 여겼다. 맞지 않는 옷에 몸을 억지로 욱여넣는 거나 마찬가지였다. 그러다 보니 일을 할수록 공허해졌다. 내 안의 채워지지 않는 무언가를 그리워했다. 마음의 소리를 따라 직장을 그만두었으면서도 때때로 불안해지곤 했다. '주변에는 이런 사람이 아무도 없는데. 어떻게 하려고 이러지.' 새해를 맞이하는 마음이 편치만은 않았을 때, 마침 과거에서 편지가 날아들었다.

    그 편지는 어차피 일어날 일은 일어나게 되어있다고 말하는 것 같았다. '회사 안 때려치우고 잘 다녔으면 좋겠고' 직장을 그만둘 걸 미리 알고 있는 양, 그만둘까 봐 우려하고 있었다. 저 때는 직장 생활을 해보지도 않았을 시기인데 말이다. 틀에 박힌 조직 생활이 나와 맞지 않는다는 걸 그때 미리 알고 있었는지도 모르겠다. 그렇다고 해서 과거에서 온 편지가 나를 나무라는 것 같지는 않았다. 도리어 가벼운 위로를 건네는 듯했다. '그냥 생긴 대로 살아.'

    사실 과거의 바람대로 이뤄진 게 거의 없다. 고양이 카이는 다행히도 건강히 잘 지내지만, 나는 한 직장에 쭉 다니지도, 집을 사기는커녕 돈을 모으지도 못했다. 지금의 모습이 10년 전 예상했던 모습은 분명히 아니었다. 과거의 기준에서 본다면 복권을 긁었지만, 꽝이 나온 거나 다름없었다.
    하지만 편지가 준 메시지는 따로 있었다. 자기 자신을 있는 그대로 사랑하라는 것. 사회적 기준에 맞추려 애쓰던 나도 나고, 결단하고서도 방황하는 나도 나다. 고민에 지쳐 잠들던 순간도, 끝이 안 보이는 무기력을 통과하던 시간도 모두 내 인생이었다. 그렇게 받아들이고 나니 행복하지 않을 이유가 없었다. 편지 덕에 그간의 경험을 실패라고 규정하는 대신 도전했다는 증거로 재해석할 수 있었다. 한 직장에 정착하진 못했지만, 대신 다양한 분야를 경험했다. 내 집 마련은 못했지만, 사람 하나, 고양이 둘이 있는 보금자리에서 오손도손 잘 살고 있다. 상상했던 미래보다 지금이 더 다채롭게 행복하다. 이 정도면 1등 당첨은 아니더라도 보너스 당첨 정도는 되지 않을까.

   최근에는 좋아하는 것들로만 꽉 채운 하루하루를 보낸다. 주로 글을 쓰거나 음악을 듣는 일이다. 주에 한 번씩 참석하는 글쓰기 수업에서는 수강생들이 저마다 써온 글을 낭독한다. 그들의 이야기를 들으면 동지 의식이 진하게 피어오른다. 이 세상을 버티며 사는 사람이 비단 나뿐만이 아니란 걸 알게 된다. 집에서 5분 거리의 피아노 학원에서 개인 지도도 받는다. 악보에 집중하여 건반을 두드리다 보면 자연스럽게 잡생각이 사라지는 것이 맘에 든다. 지금은 초보지만, 꾸준히 연습하다 보면 리스트의 〈사랑의 꿈〉을 연주하는 날도 오리라.

   관객 평론단 활동도 시작했다. 지자체 문화재단에서 주관하는 공연을 관람하고 평론을 작성하는 일이다. 무료 공연 관람에 원고료도 준다기에 덥석 지원했는데 운 좋게 뽑혔다. 곧 있을 첫 공연은 국악 공연이다. 예습 차원으로 도서관에서 국악 입문서를 한 권 빌렸다. 관람 전까지 완독하는 게 목표다. 어떤 무대가 펼쳐질지 벌써 기대된다. 손 편지 공모전에 참가한 적도 있다. 작품을 제출했지만, 별다른 연락 없이 한 달이 지났다. 결과 발표 날짜가 명시되어 있지도 않아서, 요즘은 아침에 눈 뜨자마자 홈페이지에 들어가 당선작이 발표됐는지 확인한다. 이미 당선자에게 연락이 가고도 남았을 시간이긴 하지만 떨어지더라도 두 눈으로 확인하고 싶은 심정이다. 빨리 시원하게 떨어트려 줬으면 좋겠다.

　나는 또다시 내 길을 찾기 위한 여정에 서 있다. 이 넓은 세상에서 내가 비집고 들어갈 작은 자리 하나를 마련하는 데에 평생을 골몰할 것 같은 느낌이 든다. 그래서 부디 지치지 않았으면 좋겠다. 아니 지치더라도 포기하지 않았으면 좋겠다. 살아만 있으면 완전히 망한 게 아니다. 삶의 여러 굴곡을 통과하면서 더 단단하고 나다운 내가 되길 바란다. 10년 후의 내게 편지를 보낸다. 자신을 믿고 원하는 걸 하면 된다고 말하련다. 계속해서 나를 알아가고 사랑해 나가길 빈다.

행복은 작은 순간 속에 있다

대구 · 김미옥

우리 가족은 모두 딸기를 좋아한다.

상큼하고 달콤한 그 매력에 빠져 계절이 바뀌어도 딸기가 보이면 그냥 지나치지 못한다. 장을 보러 가다가도, 길을 걷다 가도 세일하는 곳을 발견하면 여섯 팩씩 사곤 했다. 집에 가는 내내 딸기 향기가 풍겼다. 차 안에서도, 가방 속에서도 은은하게 퍼지는 달콤한 향. 그 작은 열매가 주는 기쁨은 단순했다.

딸기는 있는 그대로 먹어도 맛있지만, 우유와 함께 믹서기에 갈아 마시면 더 부드러워지고, 얼음을 갈아 연유와 함께 섞으면 더 달콤해진다. 그러나 딸기를 가장 맛있게 먹는 방법은 역시 가족들과 함께 거실 테이블에 둘러앉아 딸기 팥빙수를 먹을 때다.

그 순간은 언제나 행복했다.

계절은 상관없었다. 딸기가 마트나 시장에 자주 보일 때마다 자연스럽게 빙수를 만들어 먹었다. 이번에도 마찬가지였다. 장을 보러 갔다가 딸기를 발견한 우리는 주저 없이 여섯 팩을 사왔다. 그리고 팥, 우유, 연유도 함께 데리고 왔다.

  집으로 돌아와 주방에 모였다. 남편은 얼음을 갈 준비를 했고, 아이는 딸기 꼭지를 따느냐 열심히 손을 움직였다. 나는 팥과 연유를 준비했다.

  커다란 대접을 꺼내 얼음을 가득 채웠다. 사각사각 갈린 얼음 위에 우유 한 팩을 부었다. 연유를 넉넉히 뿌리고 달콤한 팥을 올렸다. 마지막으로 신선한 딸기들을 듬뿍 얹었다. 딸기와 얼음이 맞닿아 더욱 선명한 빨간빛을 띠었다.

  우리는 숟가락을 들고 테이블에 둘러앉았다.

  행복은 늘 작은 순간 속에 있었다.

  첫 숟가락을 뜨는 순간, 차가운 얼음이 혀끝에서 사르르 녹았다. 새콤달콤한 딸기와 달달한 팥, 그리고 부드러운 연유가 어우러져 입안 가득 퍼졌다.

  "맛있다!"

  아이가 눈을 반짝이며 말했다. 남편도 고개를 끄덕이며 한 입 더 떠먹었다. 쉼 없이 숟가락이 오가면서 그릇은 바닥을 보였. 몇 개 남지 않은 딸기를 피해 얼음만을 푸는 숟가락. 아이들 앞에 딸기를 밀어 놓으면 아이는 다시 딸기를 내 앞에 밀어 놓는다.

  "딸기 먹어."

그제야 아이는 딸기를 숟가락에 얹어 입속으로 넣는다. 매번 마지막 몇 개 남지 않은 딸기는 서로에게 양보를 한다. 그러다 누구누구의 것이라는 딸기의 소유권이 정해지면 그때 서야 각자 딸기 조각을 얼음과 함께 먹는다.

"엄마, 다음에 또 만들어 먹자."

나는 웃으며 고개를 끄덕였다. 그 순간이 좋았다. 맛있는 딸기를 먹어서 좋았고, 가족과 함께 있어서 더 좋았다.

어떤 날들은 특별한 일이 없어도 행복하다. 커다란 사건이 없어도, 거창한 계획이 없어도, 작은 순간들이 모여 마음을 채운다. 그날의 딸기 팥빙수처럼.

우리는 그렇게 작은 행복을 맛보며 또 하루를 살아간다.

눈은 마음의 창이라고 했다

파주 · 김민정

 자취를 시작하고 한동안은 부지런했다. 화장실 물때, 세탁기 청소, 주방 하수구, 유리창 닦기까지 귀찮을 법한 것들을 꽤 열심히 했다.
 내 자취방엔 꽤 큰 통창이 있다. 커튼을 열면, 동향이라 아침엔 산 위로 해가 뜨는 모습이 보인다. 좁지만 탁 트인 개방감과 풍경이 좋아서 선택한 집이다.
 산 아래로는 주택단지가 보이고, 경의선 전철이 정겹게 오가고, 그 옆으로 산책코스와 천이 흐른다. 사람 구경, 자연 구경, 동물 구경… 그냥 그렇게 멍하니 창밖을 바라보는 걸 좋아했다.

 자취 생활이 익숙해지고, 청소의 텀이 점점 길어지면서 귀찮은 건 슬쩍슬쩍 패스하게 됐다.
 그렇게 멍하던 시간이 몇 년이 지났다. 그 안엔 사회생활은커녕, 나만의 무기력에 푹 잠긴 날들도 있었다. 루저가 된 것만 같은 기분에, 혹시나 내 작은 모습이 통창에 비칠까 암막 커튼을 달고 하루 종일 침대에서만 지내기도 했다.

그러다 2025년. 무슨 큰 계기가 있었던 것도 아니다. 그냥 문득, '운동을 한 번 해볼까?'라는 생각이 스쳤다. 늘 그랬듯 스쳐 지나갈 수도 있었는데, 하필 새해였고, 누가 새해라고 준 달력도 있던 참이었다. 그리고 그 옆에 널브러진 도장도 함께. 그래서 그냥 운동한 김에 운동한 날짜에 도장을 찍었다. 그러다 괜히 도장을 찍고 싶어서 운동을 했고, 도장이 꽤 채워진 달력을 보며 성취감을 느꼈다. 그게 좋았다.

3개월쯤 지나자, 꽉 채워진 달을 바라보며 문득 '뭔가 해보고 싶다'는 생각이 들었다. 그 뭔가가 뭔진 몰라도 '이제는 나를 세상에 좀 내보이고 싶다'는 마음.
그래서 커튼을 열었다.
오랜만에 환기를 하고, 구석구석을 반짝반짝 닦았다. 먼지를 털어내고, 코인 세탁방에 이불을 들고 나가고, 커튼도 빨고, 마스크를 쓰고 락스를 들이부으며 묵은 때와 작별했다. 그러다 허리가 아파서 고개를 들어 창밖을 바라봤다. 상쾌했다. 후련했다. 그리고… 왠지 모르게 눈물이 또르르 흘렀다.

그제야 보였다. 비바람을 맞고 거뭇해진 유리창! 바깥이 온전하게 보이지 않아 답답했고, 그 창이 꼭 내 마음 같았다.

세상이 나를 루저로 본 게 아니라, 내가 때 묻은 나의 기준으로 세상을 보고 있었던 건 아닐까.

손이 닿는 곳까지만 열심히 닦았다. 닦은 창과 닦지 않은 창은 확연히 달랐다. 지난날과 지금처럼. 괜한 감성을 덜 닦은 창에 빗대어보고 창 닦기를 마무리했다.

있는 그대로를 보려면, 창도 마음도 깨끗해야 한다.

비도 내리고, 바람도 불고, 미세먼지도 많은 세상이지만…. 그래도 깨끗한 시야를 지키기 위해선 '마음 상태'가 먼저 깨끗해야 한다는 걸, 그날 창을 닦으며 조금은 알게 됐다.

정성을 다하는 인사

오산 · 김선영

　누군가가 왜 특수교사가 되었냐고 묻는다면, 그리 특별한 이유는 없었다. 장애인과 함께한다는 사실에 그저 마음이 쏠리고, 누군가가 해야 할 일이라면 그게 나라는 생각이 들었던 것뿐이다. 그렇게 살아온 시간이 쌓여 어느덧 20년 차 특수교사가 되었고, 그 시간 동안 나는 충만함과 소진됨 사이에서 하루하루를 살아가고 있다.

　누구에게나 감당할 그릇은 따로 있는 법이라, 내 깜냥으로는 감당하기 어려운 시기도 있었다. 극도로 예민한 감각과 자극 추구 성향이 강한 자폐성장애 아이들이 우리 반의 8할을 차지했던 해가 있었는데, 그 몇 년간 나는 '기 빨린다'라는 말을 달고 살았다. 자폐성장애 학생들은 자기만의 틀이 강력해서 한 치의 오차도 허용하지 않았고, 모든 일과를 패턴화하는 특성으로 인해 변화에 대한 저항이 컸다. 그러니 학생들 사이에 갈등도 많고 변화된 상황에 적응시키는데 에너지 소모가 엄청났으리라. 흐르는 물의 감각을 느끼고자 싱크대 옆을 떠나지 않았던 지우, 끊임없이 두드리거나 울림이 있는 소리를 만들어내며 청각적 자극을 추구했던 기태, 연필심을 계속 부러뜨리거나 책상을 엎어 트리며 다른 사람의 반응을 시험했던 강이, 접혀 있는 옷깃에 손만 대도 분노가 올라오는 윤아, 끊임없는 질문 공세를 퍼부으며 듣고 싶은 답이 나오지 않으면 버럭 화를 내는 한성이까지. 특성이 비슷한 자폐성장애 학생들을 모아 놓으니 조화가 깨지고 서로가 서로를 자극하는 지경에 이르렀다.

시간표를 조정하고, 아이들이 좋아하는 활동이나 교구를 준비하는 등 환경과 일과를 구조화하려는 나름의 노력이 무용한 것은 아니었다. 하지만 공동체의 평화를 유지하는 일은 결국이 모든 관계를 감당하고 중재해야 하는 내 몫으로 남을 때가 많았다. 서로의 컨디션이 괜찮아 부드러운 중재가 통하는 날이나 엄격하고 단호한 통제가 먹히는 날도 있었지만, 상황이 극단으로 치닫는 날도 적지 않았다. 있는 힘껏 성을 낼 땐, 손끝에 힘을 쥐고 무분별하게 달려들기도 했고 고래고래 소리를 지르며 교실의 물건을 엎어 트릴 때도 있었다. 그럴 땐 나도 이 상황에 맞서기 위해 무장을 한다. '담담하게 마주하리라' 결심하며 마음을 무장하고, 힘에 밀리지 않게 자세를 취한 뒤, 단호한 목소리로 목청을 가다듬는다. 하지만 체력이 급격하게 떨어진 사십 대 중반부터는 이런 상황을 감당하기 힘들어졌다. 거친 아이와 마주했던 시간이 끝나고 나면 다리에 힘이 풀리면서, 두통과 편도염이 급습했다. 그때부터였으리라. '아이고 기 빨려!'를 입에 달고 산 것이 말이다.

  그렇게 몇 년을 지내고 나니, 나는 무력하고 우울한 특수교사가 되어 있었다. 버틸 체력도, 견뎌낼 마음도 충분치 않다고 생각하니 자신감이 떨어지고, 자존감이 낮아진 것 같다. 그리고 이런 인식은 '나를 채우는 것이 먼저다'라는 결과로 이어졌다. 나름 최선을 다한 시간이었고, 내 경험에 근거했으니 '내가 먼저 채워지고 준비되어야 한다'는 명분은 나에게 충분했으리라. 하지만 '우선 나를 보살피고, 나부터 채운다'는 인식은 나의 하루를 긍정적으로 변화시키지 못했다. 내 말과 행동을 모방하여 거울처럼 반사하는 아이들이었기에, 우리 반 아이들 역시 자신의 욕구를 내세우는데 더욱 몰입하는 것 같았다. 부드럽지 못한 눈길과 말투를 내가 고스란히 돌려받고 있다는 것을 느끼니 또 다른 깨달음이 밀려왔다. 특히나 자폐성장애 학생들은 나와 너의 구분, 주체에 대한 인식이 달라 거울처럼 모방하고 복사해 내는 특징이 도드라졌다.

  내가 받고 싶은 건 부드러운 눈길과 손길, 애정과 신뢰가 충만한 마음이 아니었던가. 곰곰이 생각해 보니, 불만 이전에 나의 진정한 욕구에 대해서 생각지 못했음을 깨달았다. 그리고 현재 지닌 에너지가 빈약할지라도, 내가 먼저 부드러운 눈길과 손길을 건넬 수 있는 구체적인 방법을 찾아야겠다고 마음먹었다. '난 너를 좋아해, 네가 반가워, 네가 있어서 행복해'라는 긍정의 메시지를 오롯이 전달하는 방법 말이다.

경험과 관계 속에서 내가 찾은 방법은 '정성을 다하는 인사'였다. 교실 문을 열고 아이가 들어오는 순간, 진심을 담아 반가움을 표현하고 애정 어린 반응을 보이는 것. 그 약속 하나만큼은 꼭 지키자고 마음먹었다. 누군가에게 깊은 영향력을 끼치고자 할 때, 상대가 나를 무서운 사람으로만 인식한다면 그 한계는 명확하다. 나를 아끼고 사랑해 주는 사람에 대한 의지와 기대감이 뒷받침되었을 때 안정적인 신뢰와 진정한 두려움이 동시에 인다는 사실을 왜 잊고 있었던가. 성심의 인사를 건네며 나는 아이들에게 진심 어린 애정을 쏟는 연습을 반복했다. 그것이 마치 오늘 하루 동안 아이들이 견뎌낼 힘을 주는 듯….

이제 나는 피로감이 몰려와 다가오는 내일이 두려울 때 자신에게 이렇게 말한다. 별거 없어. 정성을 다하는 인사, 그것으로 충분해. 아이들은 네 진심을 읽을 거고, 거울처럼 성심의 인사를 반사할 거야. 그렇게 주고받는 마음으로 하루의 만남을 시작하면 그 하루는 크게 무너지지 않을 거야. 그러니 큰 욕심내지 말고, 이거 하나만은 꼭 지키자, 정성을 다하는 인사!

무너지지 않는 마음으로

청주 · 김성원

저의 이야기가 많은 분들께 희망과 위로가 되었으면 하는 바람으로 글을 시작해봅니다.

2018년 7월 저는 갑자기 찾아온 급성뇌출혈로 평범한 일상을 잃게 되었어요. 당시 저는 43세라는 젊은 나이에 도무지 받아들여지지 않는 장애를 얻게 되었고, 이런 모습으로 사느니 차라리 삶을 포기하려 옥상도 올라가 보고 수면제도 모아보고 어리석은 생각들뿐이었습니다. '하고많은 사람 중 왜 나인지' '내가 잘못한 게 뭐가 있다고 이런 시련이 운도 없게 온 건지' 하며 모든 원망을 내가 아닌 세상 탓 남 탓으로 돌렸어요. 그러니 제 병간호를 하던 아내에게도 저와 마주치는 모든 사람에게도 폭언과 함께 소통을 거부하며 저를 더 어두운 터널 안으로 몰아넣었죠. 그렇게 저는 혼자 있는 시간과 누워있는 시간들의 연속이었어요.

하지만, 시간이 흐르고 다행이라고 느끼는 한순간이 있었어요.

그건 제가 인지할 수 있었다는 점이죠. 그 한 가지로 저는 큰 희망을 얻을 수 있었죠. 왜냐하면 인지할 수 있는 저와 재활시스템이 잘 갖춰진 병원, 그리고 경험과 지식이 풍부한 의료진이 있었으니까요.

그날 확실히 판단되더라고요. 아무것도 하지 않으면 아무 일도 일어나지 않는다는 생각이 확고해졌죠. 제 상황은 너무 좋지 않았지만, 이 위기를 벗어날 수 있는 것도 '나'였으니까요.

혼자 있는 시간 속에 저는 냉정하게 생각해보기로 했죠. 지금 나 혼자 할 수 있는 건 '생각하고 말하는 것' 그리고 '수저로 밥 먹는 것' 딱 두 가지밖에 없더라고요. 그럼 내가 해야 할 건 무엇일까? 딱 하나였어요. 그건 무조건 노력 그리고, 그 노력이 재활뿐이라는 결론이었죠.

제가 먼저 한 일은 재활 시간마다 선생님께 질문하며 각 재활의 역할과 기능을 이해하는 것이었어요. 근육의 긴장과 강직을 풀어주는 모습을 놓치지 않고 두 눈에 담고 어떤 원리로 제 몸에 적용되는지 묻고 답하며 한시도 시간을 헛되게 사용하지 않았죠.

그렇게 3달 정도 재활이 끝나는 오후 4시 이후 병동 휴게실에서 코끼리 자전거도 쉼 없이 타고 저녁 식사 후 병실 입구 벽에 설치된 보행보조 봉을 잡고 운동하며 하지근력회복에 많은 시간을 투자했어요. 재활 말고는 방법이 없다 생각하니 하루 24시간이 너무 짧고 아쉬운 거 있죠?

그렇게 시간을 투자한 지 5개월이 지났을 때 혼자 일어나 앉고 휠체어로 이동까지 할 수 있었어요. 그리고 선생님의 도움을 받아 재활실 안을 조금씩 걸을 수 있었죠.

그 시간이 너무 당황스러워 기억이 가물가물했지만, 운동 후 병실로 돌아와 그간의 노력이 헛되지 않았다며 아내를 부둥켜앉고 한참을 울었어요. 그와 함께 보행에 필요한 로봇 치료의 도움을 받았어요.

그렇게 또 2달이 지났어요. 제게 어떤 변화가 있었을까요? 놀라운 일은 매달 대여해서 쓰던 휠체어의 연장을 더이상 하지 않고 반납하게 되었고, 제 옆에서 온갖 고생을 다 한 아내의 사표를 수리하고 아이들이 기다리는 가정으로 복귀시켰다는 거죠. 혼자서도 병원생활을 할 수 있게 되었던 순간이죠. 이 자체로도 얼마나 기적 같고 감사한 일인지 처음 세상을 향한 원망과 저주는 세상에 대한 감사와 축복으로 바뀌어 있었죠. 절대 안 될 거라는 절망에서 노력하니 정말 되는구나 하는 희망으로 말이죠.

이후 저의 재활은 모든 면에서 한 단계 이상 상향되고 자신감도 얻었어요.

당시 하루 일과는 아침 5시에 기상해서 30분 정도 병동 복도를 걷는 것을 시작으로 모든 시간이 재활과 개인 운동뿐이었죠. 정규 재활이 끝난 뒤에도 병실 복도나 휴게실에서 개인 운동을 계속했죠. 비가 오나 눈이 오나 하루도 거르지 않았어요.

그 노력의 결과는 꿈을 현실로 이루어주었죠. 그토록 바라던 가정으로의 복귀와 원래 자리였던 직장과 사회로의 복귀로 말이죠. 솔직히 복귀라고 바로 적응은 안 되더라고요. 병원처럼 안전이 확보된 것도 아니고 많은 변수의 환경이다 보니 어려운 시작이었죠. 하지만 어려움도 주어진 시간과 그 안에 경험들이 축적되다 보니 지금은 전혀 어렵지 않더라고요. 역시 걱정은 절대 미리 하는 게 아닌가 봐요.

또 하나의 큰 성과는 퇴원한 이듬해인 2020년 재활수기를 시작으로 글 쓰는 취미를 살려 시인으로 등단까지 했다는 겁니다. 이전까지 전혀 관심 없던 문학이란 분야를 받아들인 이유도 단 하나였어요.

모든 노력과 모든 결과에는 반드시 고통이 따른다고 합니다. 그러나 확실한 것은 내 스스로의 노력에서 오는 고통이 더 견디기 쉽다는 겁니다. 그렇기 때문에 삶의 주체는 나 자신임을 잊지 말고 내가 선택하고 노력한 시간은 분명하고 명확한 결과를 가져온다는 게 저의 경험입니다. 그러니 '지금 최선을 다함에도 안 되면 어쩌지?' 하는 의심은 버리고 매일 매일을 부끄럼 없이 최선을 다했다면 의심이 아닌 확신으로 자리 잡는 순간을 분명히 만납니다. 우리는 평범한 하루하루의 일상을 당연하듯 의미를 부여하지 않고 살아갑니다. 저에게 있어 하루하루의 평범한 일상은 기적이고 축복입니다. 아무리 좋은 시력을 가졌다 한들 빛이 하나도 없는 암흑 속에서는 아무것도 볼 수 없습니다. 나에게 아무리 좋은 눈이 있어도 나만의 능력으로 세상을 보는 것이 아닙니다. 빛이라는 존재가 세상을 보게 만들어 주는 것입니다. 일상 속에서 너무나 당연히 여겼던 평범함에 대해 의미 있고 소중하고 감사한 마음은 우리의 삶을 행복으로 충만하게 만들 겁니다.

두서없이 써 내려간 저의 짧은 이야기였습니다.

새벽의 신비

음성 · 나금숙

 어둠이 서서히 걷히고 잠든 대지에 새소리만 들린다. 의지와는 상관없이 하루가 밝아오는 신호다. 쏟아지는 메시지도 쌓인 일거리도 소란했던 마음도 멈췄다. 흙탕물에 흙이 가라앉아 맑은 물이 되듯, 이제야 내 마음이 투명하게 보인다. 마치 호흡과도 같은 이 시간 바로 나로 되돌아가는 시간이다.

 아무도 방해 없는 공간에서 내가 가장 쉽게 할 수 있는 일탈은 기도 속으로 도망치는 일이다. 에너지가 충만한 난 오롯이 한 곳에 힘을 모은다. 그곳에는 바람이 있고 소망이 있고 나를 갱신하는 힘이 있다.

 제대로 된 글 한 번 써보지 못한 돌팔이 글쟁이는 모두가 잠든 밤에 등불을 켠다. 아직은 누구의 손도 타지 않은 가시덤불 속에 잡풀만이 무성하다. 어디서부터 어떻게 시작하면 될까. 가시를 걷어내고 덤불을 걷어내고 풀을 뽑고 돌을 골라낸다. 아무도 찾아주지 않는 글 밭에서 난 새벽마다 터를 닦는다. 컴퓨터 저장고에 보관해 놓은 씨앗들을 하나하나 꺼내어 언어가 없는 글 밭에 심는다. 오랜 시간 책 속에서 얻어낸 든든한 밑거름이다.

나의 머릿속에서는 언어와 언어 사이를 불나방처럼 분주하게 오간다. 문득 떠오른 한 문장으로 행복이 날아든다. 새벽이 되면 글 샘에 물이 차올라 분수처럼 솟아난다. 이 시간만큼은 깊이 하나가 되어 나를 움직이고 나를 채우는 충만함에 젖어 든다. 나는 사랑을 하듯 글을 쓰고 사랑에 빠지듯 글 속에 빠진다. 그저 단어 하나만 달리해서 그에 걸맞은 옷에 걸쳐만 놔도 또 다른 결로 기품 있는 문장으로 창조된다. 글은 쓰다 보면 어떤 방식으로든 연결된다. 하지만 습관처럼 사용하는 언어에서 더 품격 있는 어휘를 만나는 데에는 오랜 시간 책 속에 파묻혀 있는 것 외에는 달리 방법이 없다. 언어에는 감정이 묻어나게 마련이다. 마음속의 격한 감정은 날 것 그대로 과도한 언어가 속출할 수 있다. 삶의 응어리는 숨쉬기조차 버겁고 상처가 깊을수록 생각의 깊이를 키운다. 그렇다고 지름길은 없다. 상처가 깊은 탓에 쉬이 넘어가지는 않겠지만 그래도 기다리다 보면 훌쩍 넘어설 때가 온다.

글 밭에서 글 농사를 짓는다는 것은 고된 일이다. 그러나 하나의 언어가 글이 되기까지 어떤 결과물을 뚝딱 내 놓을 수는 없다. 비록 영글지는 않았지만, 마음을 다독이는 글을 쓰는 것만으로도 충분한 위로가 된다. 놓아버리지 못한다는 것은 타고난 것인지도 모른다. 머릿속에 둥둥 떠다니는 생각을 낚아채고, 마음 깊숙한 곳에서 내면의 소리가 터져 나오는 것을 우려내는 것을 보면 내 안에 분명 불쏘시개는 있다. 군불을 지필 때면 불붙은 장작은 활활 타오른다. 삶의 순간을 언어로 표현하여 문학으로 승화될 때 뿌듯함은 온몸을 휘감는다. 글 농사꾼에게 새벽이란, 부지런함에 출발점이 되고 성실함에 자란다.

  크고 작은 길에 많은 시간을 지체했다. 직진만을 고수한 젊음은 그나마 양심이란 게 있었는지 꿈 한 자락 남겨 놓고 어디론가 줄행랑을 쳐 버렸다. 세월 앞에 나의 겉 사람은 낡아졌다. 하지만 새벽의 신비는 나의 속사람을 날로 새롭게 한다. 꿈은 나를 잊지 않았고 여전히 나의 손을 잡고 있다. 허탈할 수밖에 없는 환갑을 갓 넘긴 자리에서 결코 꿈을 잡은 손만큼은 놓지 않으리라. 글이 나의 삶이 되고 삶이 나의 글이 될 때 나는 살아 있다. 이제 더는 남은 시간을 굳이 내가 살지 않아도 될 삶으로 남발하지 않으리라. 내가 서 있는 곳에서 꿈의 보폭에 맞춰보련다.

  "시간의 무서운 짐을 느끼지 않으려면 술이든 시든 무엇이든 좋으니 아무튼 취하라."라고 보들레르가 산문 『취하라』에서 말했듯이 나 역시 글쓰기에 취한다.

   세상에 이름 없는 잡풀이란 없다. 다만 사람들이 모를 뿐이다. 사람이 보든 말든 평생을 누군가에게 한 번도 뛰 적이 없는 꽃이라 할지라도 꽃은 꽃으로서 하루를 보낸다. 내가 가꾼 사랑의 글밭이 이불이 되어 나를 덥혀 줄 때면 내 안에서 꽃이 핀다. 어둠이 짙은 아침 문턱에서 새벽은 나를 깨운다.

잠깐 멈춘 그 순간, 나에게 가져다준

대구 · 도유리

출근길 버스 안, 내가 좋아하는 작은 숲속 마을을 지난다. 하늘은 뭉게뭉게 예쁜 하늘색이고, 나무와 풀들은 초록빛으로 싱그러움을 뽐낸다. 하얀 수염의 할아버지들은 마치 일곱 난쟁이 같고, 달리는 차들은 마을을 오가는 장난감처럼 보인다.

각기 다른 색의 지붕과 창문을 가진 집들이 동화 속 장면처럼 어우러져 있다. 나무로 둘러싸인 오솔길, 잔잔히 바람에 흔들리는 풀들. 오늘따라 그 모습이 유독 따뜻하게 느껴진다. 백설공주의 오두막이나 스머프 마을이 떠오른다.

놀랍게도, 이곳은 내가 워킹홀리데이로 머무는 동안 좀처럼 마음 붙이지 못했던 호주 브리즈번이다. 익숙해질 거라고 생각했지만, 8개월 동안 낯설고 외로운 마음은 쉽게 가시지 않았다. 영어는 늘 부족했고, 하루하루는 긴장과 피로로 가득했다. 도착했던 날의 불안, 초반의 서툰 대화들, 실패한 알바 면접들, 눈물 삼킨

밤들. 무엇 하나 쉽지 않았고, 매일이 벅찼다.

그런데 이상하게도, 오늘은 이곳이 조금 다르게 보인다. 풍경은 똑같은데, 어쩐지 따뜻하다.

누군가 말했었다.
"행복은 결국 감정의 습관이다."

무엇이든 좋게 보려고 애쓰라는 말이 아니다. 다만, 잠시 멈춰서 바라보는 방식만으로도 삶은 다른 얼굴을 보여줄 수 있다는 것.
'내가 원하는 삶'은 여전히 불완전하고, 앞으로도 크고 작은 고비들은 이어질 것이다. 그럼에도 이렇게 문득 편안해지는 순간이 있다면, 그건 그냥 흘려보내서는 안 될 작은 기적일지도 모른다.

이런 순간은 예상하지 못한 때에, 아주 조용히 찾아온다. 마치 마음속에 놓인 작은 의자처럼.
아무도 눈치채지 못하지만, 나는 거기에 잠시 앉아 숨을 고른다. 그 잠깐의 쉼표가, 내가 이 도시에서 붙잡을 수 있는 가장 솔직한 위로일지 모른다.

크게 위로받고 싶었던 날들이 있었다. 거창한 변화가 오기를 기다리던 시간도 있었다.

하지만 이제는 안다. 진짜 위로는 거대한 것이 아니다. 조금 다른 시선, 잠깐 멈춘 마음, 그 순간 붙잡힌 풍경. 그것만으로도 삶은 다시 걸어갈 힘을 준다.

그러니 버거운 하루를 시작하기 전, 이런 장면 하나를 내 마음 속에 오래 담아두자. 내일 또다시 힘들어질지라도, 이 조용한 장면은 나를 잠시나마 다시 살아내게 해줄 것이다.

잠깐이라도 편안함을 느낄 수 있다면, 그 순간을 충분히 누리자.
불안하고 버거울 땐 잠시 눈을 돌려보자.
어쩌면 우리가 애타게 찾던 행복은,
이미 오늘 속에 조용히 피어 있었는지도 모른다.
잠깐 멈춰 선 그 순간, 그 잠깐의 틈에 마음이 붙을 때가 있다.

실패와 성공은 중요하지 않아, 계속 도전해 봐!

서울 · 문정희

2023년 1월 1일. 나는 암장(클라이밍장)에서 어떤 한 문제에 매달려 있었다. 인공적으로 만든 암벽에 난이도 별로 박아놓은 여러 가지 색의 돌들을 잡고, 밟고 정상까지 올라가는 클라이밍! 처음에는 1단계도 풀기 힘들어했지만, 1년쯤 지나자 시간만 나면 벽에 매달려 있었다.

같이 시작한 사람들 중 제일 못하다 보니 다른 사람만큼 하려면 오래 암장에 있어야 했다. 누군가는 시작한 지 하루 만에 풀어내는 3단계 문제를 나는 꼬박 3개월 만에 겨우 해냈다. 그래도 뿌듯함에 그간의 답답함은 눈 녹듯이 사라졌다.

11월의 어느 날 그 문제를 만나게 되었다.

"2번 벽에 생긴 빨간 홀드 7단계 문제 봤어? 그게 그렇게 쉽다는데?"

누군가 이야기를 나누는 것을 듣고 2번 벽을 보았다. 쉽다는 이야기에 그 문제 앞에는 사람들이 줄을 서 있었다. 6단계를 풀던 사람들도 7단계를 풀어보겠다고 결의를 다졌다. 하지만 나는 고개를 저었다. 아직 5단계도 다 못 푸는데 무슨 7단계를 도전할 수 있을까. 말도 안 되는 소리였다, 아무렴.

그러나 어느 주말 아침, 한산한 암장에서 효진과 나는 그 문제에 도전하기로 했다. 혼자는 창피하지만 같이 도전하는 사람이 있으면 덜 창피했다. 효진은 6단계를 푸는 사람이니 정말 7단계를 풀어낼 수 있을 것 같았다. 나도 '운만 좋다면 혹시?' 하는 기대를 품었다. 그 문제는 시작부터 쉽지가 않았다. 몸의 밸런스를 잘 잡아야 하는 문제여서 힘의 분배가 중요한데 난생처음 해보는 동작이었다. 몇 번 시도했지만 우리 둘은 결국 실패했다. 그래도 우리는 '이제 7단계를 푸는 사람'이라고 장난치듯 말하며 집으로 돌아왔다.

그 말이 신기하게 나를 움직였다. 7단계를 푸는 사람이라고 이야기하고 나니, 정말로 그 문제를 풀고 싶어졌다. 그렇게 그 문제와의 사투가 시작되었다. 하지만 5단계도 벅찬 내가 7단계를 풀려고 하니 체력 소모가 심했고, 한번 실패하면 다시 체력이 회복될 때까지 쉬는 시간을 가져야 했다. 그렇게 일주일 정도 반복하니 드디어 제일 어려운 시작 구간을 지날 수 있게 되었다. 너무 신기해서 찍은 동영상을 반복해서 돌려보며 감탄했다. 계속하니까 되는구나 하는 생각도 들었다.

하지만 7단계는 5단계처럼 어려운 구간이 여러 곳이었다. 두 번째 어려운 구간에서 좌절했지만 한편으로는 오기가 생겼다. 어느새 암장의 모두가 내가 7단계 문제에 도전 중인 걸 알게 되었고, "그 문제 풀었어요?", "오늘은 풀어야죠!"가 인사말이 되었다. 나는 점점 압박감에 시달렸다. 일정 주기로 기존 코스를 교체하는 때에, 차라리 그 문제가 없어졌으면 하는 생각도 들었다.

같이 도전했던 효진은 이미 문제를 풀고 '7단계를 푼 클라이머'라는 호칭을 얻었다. 나는 속이 까맣게 타들어 갔다. 암장에 가면 그날그날 막히는 문제들을 즐거운 마음으로 풀어내곤 했는데, 그런 마음은 사라지고 마치 좀비처럼 그 문제 앞에 앉아서 마냥 벽을 바라보곤 했다.

그렇게 35일째 되는 날이 1월 1일. 문제가 없어지는 것을 한 시간 앞두고 또다시 그 앞에 앉아 있었다. 아직 한 번도 만져보지 못한 문제의 꼭대기를 만져보기 위해서였다. 두 번 정도 다시 도전했을 때 꼭대기 근처까지 갈 수 있었으나 또 다른 문제가 생겼다. 계속하다 보니, 홀드와 손의 마찰로 인해서 손가락 피부가 다 벗겨진 것이다. 이제 한 번 정도만 도전할 수 있겠다는 생각이 들었다.

그렇게 마지막 도전이 시작되었다. 시작할 때 모두의 감탄 소리가 들렸다. 중간중간 풀지 못했던 부분을 지나갈 때는 다들 숨소리를 죽였다. 드디어 처음 만져보는 문제의 마지막 구간에 도착했다. 클라이밍은 맨 마지막 홀드를 두 손으로 잡고 확실히 제압해야 그 문제를 풀었다고 이야기한다. 우여곡절 끝에 한 손은 마지막 홀드 위에 있었지만 나머지 한 손은 갈피를 잡지 못하고 더듬더듬 대고 있었다. 모두가 한마음으로 응원해주었지만 마지막 홀드는 제압이 쉽지 않았다. 결국 거의 소리를 지르다시피 하며 문제의 꼭대기에서 떨어졌다. 나는 그 문제를 풀지 못했고 10분 후, 문제가 없어지는 것을 보며 속으로 눈물을 삼켰다. 그 벽에는 새로운 문제가 생겼다.

하지만 그 후에도 나는 좌절하지 않았다. 몇 달 후, 또 다른 7단계를 마주했을 때 결국 풀어냈다. 그날의 실패는 일시적이었을 뿐, 시간이 흐르고 계속 도전하니 가능해진 것이었다. 그 빨강 홀드의 문제도 계속 도전했다면 해낼 수 있었을 거라고 생각한다.

클라이밍을 계속하면서 나는 나에게 무한한 가능성이 있다는 것을 알았다. 5단계만 풀던 나도 결국은 7단계를 풀어낼 수 있는 사람이었다. 결국 인생도 클라이밍과 다르지 않다고 생각한다. 한계가 있을 때도 문제 해결을 위한 방법을 찾아가며 극복해 나가는 법을 배우고 있다. 모두 저마다의 방법으로, 속도로, 도전 횟수로 문제를 풀어나가려고 한다.

어려운 문제는 풀릴 때도, 그렇지 않을 때도 있겠지만, 포기하지 않는다면 언젠가 원하던 곳에 도달하게 될 것이다.

그렇게 나는 오늘도 클라이밍을 한다. 인생도 그렇게 살아간다. 실패해도 좋다. 계속 도전할 수 있는 용기를 가지고 있다면!

한 순갈의 봄

춘천 · 박선애

 남해 바닷바람엔 소금꽃 냄새가 실려 온다. 햇살보다 먼저, 바람이 바다 내음을 데운다. 겨우내 얼고 메말랐던 땅, 발밑에선 바스락거리는 겨울의 숨결이 남아있다. 그 퍼석한 틈 사이로 스멀스멀 봄이 기척을 알린다. 나무는 봄빛을 쟁이느라 분주하고, 햇살은 연둣빛 붓으로 대지를 채운다. 겨울이 슬며시 자리를 내준 틈 사이로 새봄이 제철 풍경을 드러낸다.

 꼬박꼬박 때를 맞춰서 오는 봄. 그 봄을 길게 펼쳐서 바라볼 수 있는 장면을 접어 버리면 남는 하나의 장면. 그것이 바로 봄, 도다리쑥국이다. 세상이 나만 빼놓고 달려갈 것 같은 불안한 마음이 들 때면 그 국 한 그릇의 위로면 충분하다. 지금, 이 순간도 세월이 흘러 돌아보면 찬란한 봄이었다고 기억할 것이다.

 나는 봄이 되면 어김없이 도다리쑥국을 끓인다. 생선국 하나 끓이는 것이지만, 내겐 그것이 봄을 맞이하는 소박하고도 단단한 연례행사다. 도다리쑥국을 끓이는 동안 기억의 조각들이 소리 없이 맞춰진다. 그 국물 속엔 어머니의 손길이 스며 있고, 내겐 그것이 봄을 맞는 가장 애틋한 방식이다.

어머니의 발걸음은 달력보다 먼저 계절을 알았다. 제철이라는 시계가 가슴속에 달려 있기 때문이다. 어머니는 매년 봄이 오면 뒷산으로 쑥을 캐러 가셨다. 피난민들이 다닥다닥 지붕을 맞대어 사는 좁다란 골목 계단을 따라 올라가면 나지막한 언덕이 있었다. 그곳에는 봄 햇살을 등에 업은 쑥들이 다보록하게 모여 있고, 어머니는 몸을 낮추어 손끝으로 조심스레 여린 쑥을 골라냈다. 손에는 쌉싸름한 쑥 향이 봄처럼 스며들었다. 그 향은 그대로 부엌으로 들어와 도다리쑥국 속에서 다시 피어났다.

뒷산에서 뜯어온 여린 쑥 잎을 다듬는 동안, 그 옆 냄비에는 큼직한 도다리가 소금기 머금은 채 국물 속에서 자작자작 숨을 고른다. 도다리살이 뽀얗게 익었을 때 쑥을 한움큼 넣어 초록빛이 살짝 숨죽을 때를 기다리면 완성된다. 자글자글 끓은 국물 위로 봄과 바다가 나란히 들어있다. 국이 끓는 동안 부엌 가득 퍼지던 쑥 향과 갯내가 그 시절 봄의 냄새였다.

쑥은 봄을 담고, 도다리는 바다를 담았다. 그 둘이 어우러지자, 국물은 한 점 흐트러짐 없이 맑고도 진했다. 국물 한 숟갈, 그 안엔 맛보다 먼저 다가오는 조용한 행복이 있다. 속이 데워지는 걸 넘어 마음마저 다독여 주는 맛이다. 어머니의 정성이 스민 생선국 한 그릇에는 봄이 고스란히 담겨있다. 국물의 온기가 혀끝에 닿는 순간, 서서히 몸속으로 번져 든다. 겨우내 굳어있던 마음이 스르르 풀린다.

나는 어릴 적, 그 국이 마냥 싫었다. 하지만 어머니는 계절마다, 어김없이 그 국을 끓였다. 비린내가 난다고 투덜거렸고, 쑥의 쌉싸름한 특유의 향기도 내키지 않았다. 맑은 국물은 왠지 밋밋하고 허전했다. 그때는 몰랐다. 그 국물 한 숟갈이 이렇게 오래도록 마음을 데워줄 줄은. 지금은 내 손으로 도다리쑥국을 끓이며 그 시절 부엌 한쪽에 서 있던 어머니의 눈빛을 그리워한다. 아니 손맛을 못내 잊지 못한다. 이제는 함께 밥 한 끼 나눌 수 없는 사람. 그리움이 목울대를 타고 올라와, 뜨거운 국을 끝내 넘기지 못하게 한다.

도다리쑥국을 한 숟갈 떠서 입에 머금는 순간, 내 안으로 스며드는 건 봄의 맛, 그리고 어머니의 빈자리다. 이 국물 속에는 어머니의 시간, 그리고 내 유년의 봄이 고스란히 담겨있다. 비록 더는 함께 한 끼 밥을 나눌 수 없는 이를 그리워하지만, 그리움조차 따뜻하게 감싸안을 수 있는 지금 조용한 부엌, 따뜻한 국물, 그리고 그리운 마음이 모두 어우러진 이 순간이야말로, 내게 주어진 가장 깊고 다정한 봄이다. 더는 바랄 것도 없이, 이 순간 나는 온전히 행복 안에 있다. 그저 이대로, 아무 말 없이 머물고 싶은 순간이 있다. 지금이 바로 그렇다. 그리고 문득 알게 된다. 행복은 늘 여기 있었다는 것을….

 행복은 멀리 있지 않다. 제철의 햇살 아래 피고, 하루하루를 견딘 자리 위에 뿌리내린다. 한겨울 땅속을 뚫고 올라온 연둣빛 쑥의 향처럼, 지금을 온전히 살아낼 줄 아는 마음에 행복이 피어난다. 행복은 더하는 데 있지 않다. 덜어내고, 내려놓고, 소소한 온기에 등을 기댈 줄 아는 데서 온다. 한 끼 식사에도 철이 있다. 계절을 따라 피고 지는 맛들 속에서, 우리가 미처 깨닫지 못하는 행복이 숨어 있다. 그리움을 품은 마음과 계절의 맛으로 끓여 낸 국 한 그릇이 있는 부엌. 이보다 따뜻한 봄이 또 있을까.
 계절은 어김없이 다정하게 돌아왔건만, 이젠 어머니 없는 부엌에서 혼자 국을 끓인다. 그리고 그리움이 품은 국 한 그릇을 마주한다. 하지만 도다리쑥국을 먹는 시간만큼은, 잊고 지내던 봄이 다시 돌아와 내 어깨를 감싸는 듯하다. 봄이면 도다리쑥국이 제철이라지만, 내겐 그 한 그릇이 해마다 다시 돌아오는 어머니다. 한 숟갈 국물에 쑥 향이 스며들면, 기억 저편에서 조심스레 어머니가 걸어 나오신다. 그 국에는 어린 나도 함께 앉아있다.
 그리움이 온기를 띠고, 조용히 도다리쑥국 속으로 녹아든다. 마치 그 시절 어머니의 손길처럼. 국물에 스며든 건 쑥 향만이 아니었다. 그리움과 시간, 사랑과 조용한 행복까지, 말없이 깊어지고 있었다. 지금, 이 따뜻한 국물 한 숟갈에 내가 기다리던 봄, 그리고 오래된 행복이 천천히 녹아든다.

어쩌면 봄은, 꽃보다 먼저 마음속 그리움으로 피어나는 계절인지도 모르겠다.

고요한 산책

부산 · 박소영

"우리 부산으로 내려가야 해!"

이제야 겨우 정리가 됐나 싶은 이삿짐 더미와 함께하던 생활 중 남편의 그 한마디는 저에게 가혹하게만 들려왔습니다. 이사 온 지 겨우 두어 달이나 지났을까요, 또다시 이사를 가야 한다는 그 말이 나왔던 때가요. 결혼과 동시에 애초에 어긋나버린 제 인생의 행보는 남편의 일과 관련된 변수, 변수, 그리고 더 큰 변수로 인해 더 이상은 청사진을 그릴 수 없게 되었습니다. 또다시 저는 경기도 한복판에서 연고 없는 부산으로 떠나오며 미처 못 푼 짐들과 함께 허망한 마음을 추슬러야만 했습니다.

막막함부터 밀려오는 장거리 이사는 날씨마저 도와주지 않았습니다. 한여름 태풍은 무더위에 녹아내려 끈적거리는 것 마냥 미련 가득한 제 심정을 기세 좋게 쓸려내려 보냈습니다. 새벽부터 동분서주하는 이삿짐센터 직원들의 눈을 피해 남몰래 방구석에서 눈물을 훔치며 5년 전 그렇게 저는 부산의 조그만 어촌 마을에 자리를 잡게 되었습니다.

　이사 후 팬데믹 상황과 남편, 아이의 우선적인 적응을 위한 뒷바라지에 매달리다 보니 계절은 어느덧 겨울이 되었습니다. 계절이 흐른 만큼 저 역시도 낯선 지역의 생활에 어느 정도 익숙해졌다고 느낄 때쯤이었습니다. 분명 집 가까이에는 남들이 선망하는 바다와 온갖 명소들이 즐비하게 늘어서 있었습니다. 그러나 그곳은 여전히 저를 설레게 하지도, 아름답게 보이지도 않았습니다. 그저 나는 왜 이곳에 느닷없이 자리를 잡아야 했는지, 내가 살던 곳에서 꾸려나가고 싶었던 삶의 모습으로 되돌아갈 수는 없는 것인지 하염없이 곱씹고 곱씹느라 마음은 살얼음처럼 아슬아슬하게 얼어만 갔습니다.

　그러던 그 마음에 어둡고 무거운 눈물이 차올라 무작정 집 앞 바다로 내려갔던 날이었습니다. 짓누르는 그 눈물의 무게에 사람을 마주치고 싶지 않아 평소에 가보지 않았던 좁은 골목길로 들어섰습니다. 아는 사람만 알 것 같은 좁다란 흙길을 지나니 안쪽에서는 보이지 않던 탁 트인 바다가 나타났습니다. 너울대는 겨울 바다를 바라보고 서서 또다시 '여기 내려오지 않았으면 나는 어땠을까, 거기에 계속 있었으면 나는 어땠을까' 실타래처럼 얽힌 공허한 물음 속에 갇혀있었을 때였습니다.

　"여기 이렇게 아름다운 곳이 있었네요!"

어느새 곁에선 중년의 여성은 따뜻하고 우아한 음성으로 제게 말을 건넸습니다.

"네, 그렇네요. 저도 처음 와봤어요."

누가 '톡'하고 건들기만 해도 쏟아 내릴 것 같은 아른아른한 눈물을 애써 감추며 그제야 내내 서 있던 바다를 또렷이 볼 수 있었습니다.

"부산에 오래 살았는데도 이렇게 예쁜 곳이 있는지 몰랐네요."

그렇게 말을 덧붙이며 그녀는 어느샌가 자신이 살아온 이야기를 조곤조곤 제게 들려주었습니다. 아마도 기댈 곳이 없어 무너지기 직전의 모습을 하고 있는 저를 뒤에서 물끄러미 보고 있었지 않았나 싶습니다. 그녀의 이야기 속에는 어려움을 겪었던 젊은 시절을 의연하게 지나온 데 대한 자부심과 그로 인해 이제는 세상을 아름답게 볼 수 있는 감사함이 담겨있었습니다. 어쩌면 눈을 감고, 귀를 닫고는 과거 속에 스스로 얽매여 있느라 놓치지 말아야 할 것을 놓치고 있었을 저는 그 순간 터져 나오는 눈물에 처음 만난 그녀 앞에서 목 놓아 울었습니다.

몇 달간 쌓아두었던 먹먹했던 감정을 쏟아내고 한결 가벼운 마음으로 그녀를 바라보았습니다. 자신의 품에 안아든 아이를 어루만지듯 그윽한 눈길로 곁을 지키던 그녀는

"제가 다음에 또 오면 여기 계신지 찾아볼게요." 하고 미소 지으며 마지막 말을 남기고 떠났습니다. 이제 와 생각해 보니 엄마

와 딸뻘의 낯선 이들이 둘 다 처음 본 풍광의 같은 바다를 바라보며 각자의 인생 이야기를 주고받았던 일은 마치 꿈속의 일이었던 것처럼 기묘한 만남이었습니다. 그 이후 과거를 탓하고픈 순간을 마주할 때마다 그 만남이 떠올라 흐트러지는 마음을 한데 모아 단단하게 쌓아올릴 수 있었습니다.

그렇게 눈물을 쏟아내고 쏟아내게 만들었던 바닷가 마을은 이제 저의 새로운 인생을 그려나가는 장소가 되었습니다. 여전히 아내와 엄마의 역할이 큰 비중을 차지하지만 그 외의 시간을 저에게 쏟아낼 수 있는 계기가 되어준 곳이 바다가 되었기 때문입니다. 남편과 아이가 각자의 하루를 책임지러 떠나고 난 오전이면 찬란한 동해의 빛을 맞으러 바다로 나섭니다.

옛 바닷가 마을의 흔적이 남은 동네를 걸으며 예전에 살던 곳에서는 볼 수 없었던 겨울의 동백이나 여름의 금목서 등 귀한 꽃들을 보며 색깔과 향기에 취해봅니다. 우리나라 문학사에 등장하는 학자나 작가의 기념비를 보며 흠모했던 작품들을 떠올려보기도 합니다. 그리고 4년 넘게 이어진 셀 수 없을 만큼의 바닷가 산책은 끊임없이 저에게 글을 쓸 수 있는 글감들을 속살거립니다. 어느 날은 터널을 지나 펼쳐지는 바다의 경이로움을 찬미해 보고, 또 다른 어느 날은 도시의 각박함에 쫓겨 바다로 찾아든 젊은 여인을 그려내게도 합니다. 지금 내가 있는 곳에 마음을 주고 사소한 행위에 시간을 더하니 저의 하루는 더 이상 뒤로 흐르지 않습니다.

하루에도 수시로 저를 짓누르던 일련의 삶에 대한 계획들은 처음부터 저의 욕심이었는지 모릅니다. 잠시 숨을 고르라는 신호를 무시하고, 지나간 과거에 붙잡혀 현재를 보지 못한 채 막연한 미래에 조급해 하느라 이미 두 손에 담긴 것들의 감사함을 느끼지 못했었으니 말입니다. 너른 마음으로 유영하듯 나아가야 그 가치가 온전히 드러나는 것이 인생이었습니다. 이미 마주한 일들에 노여워 말고 그 노여움이 나를 가두지 않도록 다채로운 일상으로 나를 채워나가면 되는 것이었습니다. 채근담에 나오는 '정중동'의 마음으로 고요한 가운데에도 움직임이 있다는 믿음을 품고 해가 뜨는 하루에 감사하며 오늘도 저는 아침 바다로 산책을 나섭니다.

미황사, 나의 <어바웃 타임>

광주 · 박신호

영화 <어바웃 타임>을 보셨는지? 영화 속 주인공 글리슨은 임종을 앞둔 아버지와 함께 행복했던 과거를 찾아 시간 여행을 떠난다. 도착한 곳은 어느 작은 해변가. 이들 부자는 바닷가에서 즐거운 한때를 보내게 된다. 이에 관객은 일상에 가려진 소소한 행복의 소중함을 깨닫는다. 이런 순간을 소확행이라 하던가.

나의 <어바웃 타임>을 헤아려본다. 지난날이 눈앞에 스르르 펼쳐진다. 문득 흐릿한 장면이 떠오른다. 노을에 잠긴 바다와 따스한 겨울 햇살, 남녘 달마산의 절경이 보인다. 맑은 풍경소리에 실린 아이들의 웃음이 들려오고 젊은 아내의 붉은 입술과 환한 미소도 보인다. 그래, 그런 날이었어. 오래전 미황사를 찾아갔었지.

달마산과 바다를 끼고 있는 미황사는 고즈넉한 산사다. 그해 겨울 우리 가족은 포근한 햇살을 안고서 땅끝 해남으로 향했다. 봄날 같은 초겨울 날씨 때문이었을까. 차창 밖으로 보이는 산하는 너그러웠다. 땅끝 해남은 가수 정태춘이 노래한 '시인의 마을'이 있을 것 같은 땅이다.

  단풍이 짙은 가을이었다. 나는 교사 불자 일행들과 서산 지역 불교 유적지 답사에 동참했다. 이름난 마애삼존불을 관람한 후, 다음 여정으로 보원사 폐사지로 이동했다. 하늘에는 먹구름이 밀려들고 있었다. 이윽고 점심시간이 되자 참가자들은 삼삼오오 앉아서 도시락을 꺼냈다.

  식사가 끝날 때였다. "지금부터 15분을 줍니다. 숨겨둔 보물을 찾으세요." 인솔 팀장이 외쳤다. 추억의 보물찾기 시간. 허리 구부정한 노보살님도 풍채 좋은 거사님도 분주히 발을 옮기며 돌멩이와 수풀 사이를 헤매기 시작했다. 십여 분가량 지났을까. 허공에서 두두둑 빗방울이 떨어졌다. 동심에 빠졌던 일행들이 서둘러 버스 안으로 들어왔다.

  어린 시절부터 한 번도 성공하지 못한 보물 찾기였다. 역시 이날도 나는 빈손이었다. 반면에 행운의 보물을 찾아낸 이들은 아이들처럼 들떠있었다. 뒤편에서 빗물을 훔치고 있던 보살님은 무려 세 장이나 찾았다며 아이처럼 웃고 있었다. "와 좋겠습니다. 부럽네요. 저는 못 찾았어요."라고 푸념하자 그분은 내게 선뜻 한 장을 건네는 것이었다. 종이에는 미황사 가족 1박 2일 템플스테이가 적혀 있었다.

며칠 후 그곳 종무소에다 전화를 했다. 보물 찾기에서 미황사 템플스테이를 경품으로 받았노라고 조심스레 말하자 직원분은 웃으면서 "당연히 오셔야죠. 우리 절이 보물이잖아요"라며 템플스테이 가능한 날짜를 물었다.

실은 미황사는 대학 시절에 한 번 들렸던 곳이다. 당시에는 대웅전과 요사채만 덩그렇게 있었는데 달마산의 절경과 여러 개의 부도탑이 인상 깊었다. 마을 어르신에게 들은 미황사의 내력은 신비로웠다. 먼 옛날 천축국에서 출발한 돌로 만든 배 한 척이 땅끝에 도착했는데 그 배에서 내려온 누런 소 한 마리가 지금의 미황사 터에 주저앉아 꼼짝하지 않았다고 한다. 하여 그 자리에다 지금의 미황사를 세웠다고 했다.

늦은 오후, 우리는 들뜬 표정으로 미황사 일주문에 들어섰다. 종무소 보살님의 환대는 따뜻했다. 심지어 온돌방이 별도로 마련해 주었다. 아내는 방바닥이 따끈하다며 호텔보다 맘에 든다고 호들갑 아이들은 과자를 손에 들고 절 마당을 돌아다녔다.

공양간에서 식사를 마친 후, 경내를 서성였다. 하늘가에는 어둠이 조금씩 내려오고 있었다. 그때 어느 거사님이 '여기 올라와서 보라'는 외침이 들렸다. 대웅전 계단 위에 올라 남쪽 바다를 바라보니 오~ 놀라워라. 허공에 진홍빛 홍시가 툭하니 터졌나. 붉은 낙조가 허공에 번지고 있었다. 감탄사만 연이어 토할 뿐 말이 멈추었다. 아내와 두 아이 얼굴도 노을빛에 물들었다.

저녁 예불 시간에 아들과 의식을 참여했다. 어둠이 커튼처럼 자락을 펼친 산사의 독경은 열락에 잠기게 했다. 다들 따끈한 방바닥에 등을 댄 채 '좋다'를 연발하고 있는데 주지 스님께서 찾는다는 연락이 왔다. 주지실에는 금강 스님이 소박한 미소를 지으며 앉아 계셨다. 스님은 우리에게 미황사가 진짜 보물이라며 차를 따라주었다.

그날 밤 풍경소리를 벗 삼아 잠을 청했다. 미명이 피어나는 새벽녘 도량석에 눈을 떴다. 아침 예불을 드리면서 내가 받은 모든 것에 감사를 올렸다. 종무소에 감사의 인사하고 일주문에 나설 때는 햇살이 높았다. 미황사에서 열렸다는 노영심의 작은 음악회 CD를 들으며 완도대교로 방향을 잡았다. 차 안에는 피아노 선율이 아늑하게 맴돌았다.

다시 눈을 뜬다. 미황사와 땅끝 여행이 주마등처럼 스쳐 간다. 벌써 이십 년 전 일이다. 어느새 시간은 휘리릭 흘렀고 아이들은 취업과 결혼으로 집을 떠나갔다. 그 세월 동안 우리 집도 여타 가정처럼 희로애락의 파도에 출렁이곤 했다. 때론 난파될 뻔한 아찔한 순간도 있었다. 그 험한 물살을 이겨낼 수 있었던 것은 가족과 함께했던 시간의 힘이었다. 올해로 환갑을 맞이했다. 그날의 미황사 템플스테이는 내 인생의 〈어바웃 타임〉이었다.

"사랑은 완벽함을 담아내는 것이 아니라 불완전함을 살아내는 일이다" 영화 속 대사이다. 불현듯 '살아내는'이란 단어가 마음에 꽂힌다. 그래! 알겠다. 내 생의 가족과 살아냈던 그날들이 진짜 보물이란 사실을. 올가을 단풍 고운 날, 초로의 아내를 데리고 미황사를 다시 찾아보련다. 혹시 알겠는가? 또 다른 나의 〈어바웃 타임〉이 기다리고 있을지.

나의 욕심, 나의 원동력

오산 · 박정은

   나는 하고 싶은 것이 가득한 '욕심쟁이'다. 매일 하고 싶은 일이 생기고, 재미있는 것을 발견하면 해봐야 하며, 계속해서 좋아하는 것을 찾아간다. 그렇기에 내 머릿속은 쉴 틈이 없다. 심지어 꿈에서도 쉴 새 없이 움직이고 생각한다. 자신을 피곤하게 만드는 욕심은 신기하게도 나를 움직이는 원동력이 되어주고 있다.

   어릴 때부터 나는 하고 싶은 일이 있다면 일단 도전하는 스타일이었다. 중학교 시절 나의 별명은 '박 사장'이었다. 아기자기한 것을 좋아하던 소녀가 무턱대고 문구류 장사를 시작했고, 예쁜 그림을 구매해 스티커와 메모지를 제작했다. 하지만 판매는 잘되지 않았다. 그때의 나는 장사하는 법을 잘 알지 못했다. 물론 지금도 그렇지만. 플리마켓과 벼룩시장을 찾아다니며 조금씩이라도 판매했고, 소심한 성격의 나는 다양한 사람들을 만나 판매를 하며 사람을 대하고, 소통하는 법을 배웠다. 그리고 그들이 내 제품을 좋아해 주는 것이 큰 행복이 되었다. 8년이 지난 지금도 집에 판매하지 못한 문구류가 가득 쌓여있다. 하지만 그 제품 속에는 행복을 나눈 '박 사장'의 기억이 녹아있다.

   나는 고등학교에 들어가며 또 다른 큰 변화를 맞이했다. '영상을 찍어보고 싶다, 즐거운 학교생활을 하고 싶다'라는 생각만으로 영상을 전문으로 하는 학교에 진학했다. 영상을 찍어본 적도, 만들어본 적도 없으면서 말이다. 입학 후 난생처음 카메라를 다뤄보고, 글을 써 봤다. 상상력이 가득했던 나는 이 과정이 너무나도 재미있었다. 내가 쓴 글을 계속해서 읽어보고 고치며 내 생각을 다듬었다. 노력의 결과 나는 '박 감독'이 되었다. 직접 쓴 글로 친구들과 단편영화를 제작하게 되었다. 두 편의 영화를 제작했는데 모두 손발이 꽁꽁 얼어붙을 정도로 추운 겨울이었다. 입만 열면 입김이 나오고 팔, 다리는 감각이 없었다. 심지어 나는 카메라나 조명, 음향기기 모두 다뤄본 적이 없는 초보 중에서도 가장 초보인 감독이었다. 참 다사다난한 하루들을 보내며 촬영을 진행했다. 찍으면서도 '이렇게 하는 것이 맞을까?'라는 생각이 가득했다.

   하지만 편집까지 끝낸 완성본이 나온 날, 내 영화를 보며 나는 깨달았다. '우리가 해온 모든 고생과 노력이 모두 오늘을 위한 것이었구나.' 나는 말로 표현할 수 없는 감동을 느꼈다. 나의 상상 속에만 있던 캐릭터들이 살아서 움직였고, 그들의 세상이 존재했다. 나는 이때를 기점으로 평생 영화와 함께하길 마음속으로 약속했다.

대학교 영화과에 가고 싶었던 나의 욕심은 실패로 끝났다. 하지만 1년간 다시 공부하며 영상과 마케팅을 함께하는 과에 진학하였다. 나의 중학교, 고등학교 시절과 이어지는 것만 같았다.

아무래도 이렇게 될 운명이었나 보다. 하지만 이곳은 영화 제작보다 마케팅 관련된 영상을 주로 제작하는 곳이었다. '영화'만을 바라며 달려온 나에게 전부 생소한 것들이었다. 자연스레 영화 관련된 글을 쓰지 않게 되었고, 마케팅을 기초부터 하나씩 배우게 되었다. 이론에 대해 배우고, 학회에 들어가 경쟁 피티도 진행해 봤다. 전혀 알지 못했던 분야이기에 매우 어려웠다. 경쟁 피티를 진행하며 일주일 넘게 팀원들과 매일 밤을 새우며 더 나은 마케팅에 대해 고민하였다. 이 과정에서 몸도, 마음도 지쳐갔다. 그 결과 '나는 마케팅과 맞지 않는 것 같아.'라며 주저앉기도 했다. 결전의 날, 피곤함과 긴장이 가득한 상태로 스폰서 회사에 도착했다. 벌벌 떨었지만, 진심을 가득 담아 발표를 무사히 끝마쳤다. 수많았던 걱정과 달리 '1팀의 방향성은 실제로 우리 회사가 고민해 봐야 할 좋은 방향성이었습니다.'라는 피드백을 주셨고, 그 한마디는 그간의 힘듦을 모두 녹였다. 그 순간 욕심쟁이인 나는 그만두고 싶다던 생각은 저 멀리 치워두고, '이번에 받은 피드백을 다음 기획에 어떻게 적용할지', '어떤 마케팅을 하면 좋을지'를 생각했다. 나의 머릿속이 또다시 새로운 욕심으로 가득 차게 된 것이었다. 대학교에서 나는 계속해서 쓰러졌다가 일어나는 오뚝이가 된 것만 같았다.

　나의 욕심은 분야도 한계도 없다. 키가 151로 매우 작지만, 배구에 도전했고, 배구 동아리를 하며 실력도 조금씩 늘려갔다. 이번엔 대회까지 나간다. 또 자취를 시작하며 요리와 살림살이에 도전하기도 했고, 아이들을 돌보는 아르바이트를 하며 아이를 다루는 능숙함도 늘어났다. 드럼을 배워 밴드부 드러머로 무대에 서기도 했으며, 자격증을 공부하기도 했다. 너무 많은 것을 해서 스스로 지칠 때도 많았고, 주변에서 미련하다 이야기하기도 했다. 하지만 나는 힘든 하루하루가 있었기에, 욕심을 포기하지 않았기에 어떤 것보다 값지고 소중한 경험을 할 수 있었다고 생각한다. 그리고 가장 중요한 것은 '나의 의지'라는 것도 깨달았다.

　'욕심쟁이'는 결코 나쁜 것이 아니다. 내가 좋아하는 것을 찾을 수 있도록 도와주며, 새로운 것들을 해내는 욕심으로 세상을 살아가게 한다. 사실 나는 지금도 다시 시나리오를 쓰고 싶고, 더 다양한 취미를 즐기고 싶다. 욕심쟁이의 욕심은 끝이 없으므로 발전 또한 끝없을 것이다. 내가 살아가는 하루하루가, 욕심을 부리는 하루하루가 전부 무의미하지 않다는 것을 모두가 느꼈으면 좋겠다. 나는 소중한 지금을 살아가며 더 행복한 '욕심쟁이'가 되는 중이다.

다만, 지금을 살아라

부천 · 심아나스타샤

출근길. 엘리베이터 안에서 병원 유니폼을 입은 내 모습이 유독 낯설게 느껴졌다. 이 일을 시작한 지 벌써 4년째이다. 카자흐스탄, 러시아 등 러시아어를 사용하는 나라에서 치료를 받으러 오는 환자들과 가족들을 매일 만난다.

나는 이들의 병을 고치지는 못하지만 적어도 이 낯선 땅에서 길을 잃지 않게 도와주는 사람이다.

그날 아침도 평소처럼 정신없이 시작되었다. 카자흐스탄에서 온 60대 여성 환자와 딸이 CT 촬영 시간을 놓쳐서 당황하고 있었다. 묵고 있는 호텔로 전화했을 때도 전화받지 않았다. 긴 비행시간과 시차 적응 문제로 늦잠을 잤고 병원에 두 시간 늦게 도착했다. CT 촬영 전 필수인 혈액 검사도 받지 못한 상태였다. 딸은 병원 시스템이 너무 복잡하다고 항의했고 엄마는 몹시 지쳐 보였고 가만히 있었다. 딸이 피곤한 얼굴로 물었다.

"우리가 검사 시간을 못 지킨 걸 알고 있는데 혹시 오늘 어떤 검사라도 받을 수 있나요? 아무것도 안 하고 하루를 낭비하고 싶지 않아요."

사실 일정상 당일 검사는 거의 불가능했다. 게다가 CT를 오늘 찍지 못하면 다음 날 PET-CT도 밀리게 되고 검사 결과가 진료까지 안 나오면 교수님과의 결과 상담 날짜도 며칠씩 연기될 수밖에 없는 상황이었다. 그럴 경우, 체류 일정도 연장해야 하고 환자와 보호자 모두의 부담이 커질 수밖에 없었다.

나는 영상의학과, CT검사실 연락을 돌리기 시작했고 선생님들께 협조를 구했다. 겨우 오후 1시 대기 자리를 받을 수 있었다. 피 검사도 도와드리고 아무것도 드시지 말라고 안내하고 대기실에 앉게 했다. 딸은 잠시 멈칫하다가 고개를 숙였다.

"감사합니다, 덕분에 오늘 하루가 헛되지 않았어요."

나는 나보다 자리 내주신 검사실 선생님들께 더 감사해야 된다고 했다. 그래도 '오늘 하루가 헛되지 않았다.'라는 그 짧은 말이 이상하게 마음에 오래 남았다. 그것은 나에게도 해당되는 말이었다. 정해진 매뉴얼보다 조금 더 움직였고 "안 됩니다"라는 말 대신 "해 보겠습니다"라고 먼저 말했다. 결국 누군가의 하루가 조금 덜 고단하게 만들어졌다면 그것이 바로 오늘을 충실히 산 순간이 아닐까?

일을 하다 보면 어느새 '의미'보다는 '일정'이 앞설 때가 많았다. 기계처럼 움직이고 반복되는 루틴에 감정이 무뎌질 때도 있었다. 하지만 그날처럼 누군가의 불안한 하루를 조금 덜 불안하게 바꿔줄 수 있을 때 나는 내가 '지금을 살아 있구나'라는 것을 느낀다.

'다만, 지금을 살아라'는 것은 거창한 것이 아니다. 누군가의 하루에 조용히 스며드는 일, 그리고 그 모든 순간이 쌓여서 나라는 사람을 만든다.

감물 들이던 날

대구 · 안창식

　감물과 쪽물을 들인 광목이 화면 가득히 펄럭이는 장면을 보노라면 어느덧 추억에 잠긴다.

　어느 날 동창천 기슭 감밭에 감 따러 가자는 동서 형님의 연락이 왔다. 올해는 격년으로 감이 풍년이라 크게 인심 한번 쓰시는가 보다 했다. 그런데 사연인즉, 감값이 너무 떨어져 인건비도 안 나온다면서 아예 손도 안 대고 있으니 아무나 와서 양껏 따가라는 것이 아닌가. 도착해 보니 강 건너 야산 비탈이 온통 붉게 물든 감으로 도배를 해 놓았다. 먼저 온 일행들이 무슨 내기라도 하듯이 장대를 휘두르며 장난을 치고 있는 게 보였다. 그러자 형님이 느닷없이 가지 부러진다고 그쪽을 향해 고함을 지른다. 화가 잔뜩 난 모습을 보자 얼핏 얼마나 속상했을까 하는 분위기가 전해왔다. 속을 안 들여다봐도 훤히 느껴지는 장면이었다.

트렁크가 넘쳐나도록 싣고 뒷좌석 공간에도 잔뜩 실었으나 돌아서는 내 마음은 그보다 몇 배나 더 무거웠다. 농사란 참 힘 드는 거구나. 천재지변이 닥쳐도 가슴앓이가 심한데 풍년이 들어도 이 모양이니 이거 원 뭐가 잘못된 건지 전혀 감(感)이 안 온다. 몇몇 이웃과 친지들에게 조금씩 나누어 주었지만 감 풍년이라 그다지 크게 반기는 기색은 아니었다.

그런데 다음날 내게 더 큰 문제가 일어났다. 감을 따느라고 주머니를 들고 하늘을 오래 쳐다본 탓인지 목을 전혀 사용할 수가 없이 통증과 함께 굳어 버리고 양팔도 제대로 들 수가 없었다. 거기서 끝난 게 아니다. 딴엔 나들이한답시고 밝게 입고 간 옷은 군데군데 싯누런 물이 들어 더 이상 입을 수가 없었다. 병원에서 가벼운 깁스를 하고 돌아오는 내 꼴을 보니 그 처량함이야말로 이루 말할 수 없었다. 게다가 덤으로 세상에 공짜가 어디 있냐는 아내의 바가지까지 보태면 가슴앓이가 이만저만이 아니었다. 나는 갑자기 감들이 보기 싫어졌다. 그러나 그것은 잠시뿐 어린 시절부터의 감에 대한 기억은 마냥 아름다워서 잠시 집 나간 나의 마음이 불러온 이중성에 배시시 웃고 말았다.

어릴 적 고향의 마당 구석엔 커다란 감나무가 두 그루 있었는데 가지가 약해 잘 부러진다고 어른이 타일러도 매달려 살다시피

했다. 봄이면 나는 누이동생을 데리고 아침 일찍 감나무 밑을 뒤지고 다녔다. 수북하게 내려앉은 연노란 감꽃을 주워서 재촉하는 누이 목에 걸어주면 예쁜 미소를 지으며 종일 나만 따라다닌다. 이런 감 목걸이는 요즘엔 보기 힘든 풍경이다.

이 감나무는 생감도 많이 떨어지는데 모두 주워서 어머니한테 드리면 작은 항아리에 넣어 두었다가 얼마 후에는 달짝지근한 간식거리로 꺼내주신다. 궁금해서 여쭤보면 제때 가지를 솎아주지 않으면 뿌리가 지탱할 수 있는 한계를 넘어 영양 공급이 늦은 놈은 덜 익은 채로 떨어진다고 하신다. 한겨울이 되면 할머니는 상자 속에 갈무리해 둔 대봉감 홍시를 들고 나오신다.

살짝 얼어있는 홍시는 지금의 아이스크림보다 더 맛있었다. 그리고 가끔 사랑방을 기웃거리면 할아버지께서 곶감을 아이들 수만큼 꺼내주신다. 그 맛도 요즈음 초콜릿보다 훨씬 맛있다.

감물을 들이러 오라는 처형의 연락이 왔다. 기다렸다는 듯이 아내와 함께 광목 몇 필과 흰 무명옷을 한 가방 챙겨서 서둘러 떠났다. 몇 차례 감물들이기를 거듭한 뒤에 쪽물 들인 광목과 함께 너른 마당 가득 널어놓자 붉고 푸른빛이 마치 영화의 한 장면처럼 장관을 펼쳤다. 간식으로 차려온 감말랭이와 감으로 담은 와인의 향기를 함께 나누며 누렇고 푸르딩딩한 손으로 하이 파이브를 하고 나니 함박웃음 속에서 하루가 저물어간다.

미풍이 지나는 길목마다 각기 다른 농도의 색깔로 광목이 하늘거린다. 아주 연하게 감잎으로만 물들인 색에서 으깬 생 감물에 적신 색, 백반을 조금 넣어 섞은 색, 생감과 쪽물을 함께 한 색상 등, 이들이 각자의 색감으로 줄을 지어 나풀거리는 게 자기가 최고로 아름다운 색이라고 흠씬 자랑하는 것같이 보였다. 순간 세상의 모든 이치가 이와 같을 거라며 아름답게 느껴졌다. 그전에도 가끔은 스쳐 간 적이 있어도 그냥 지나쳤으나 이렇게 자연 속에서 천연스럽게 그리고 꾸미지 않는 모습으로 나를 반기는 풍경은 처음이다. 나는 '행복이 와닿은 느낌이 바로 이런 거로구나'라고 생각하며 명상에 빠져들었다. 누구나 다소의 모난 구석이 있어도 각자의 개성이 모여서 어울려 살아가는 게 가장 아름답고 건강한 세상의 모습이라고 느끼면서 어쩜 우리네 인생도 마찬가지일 거라는 생각에 잠겼다.

다시 찾아온 고즈넉한 시간, 까치밥으로 남겨둔 홍시 사이로 뉘엿뉘엿 넘어가는 석양을 바라보니 반으로 갈라놓은 빨간 홍시와 닮았다. 처형이 감잎차를 따라준다. 감잎차를 만들 때마다 그 번거로운 절차만큼 손이 많이 가는 게 세상살이 이치와 같다고 하니 참으로 정겨운 표현이 아닌가. 석양에 잠긴 광목천 마당에 어둠이 내려앉는다. 살아가는 모든 일이 항상 이처럼 투명했으면 하는 날이다. 애틋한 정감과 서정이 동시에 느껴져 더욱 포근해지는 저녁이다.

이순의 신입사서

용인 · 양성자

"선생님 저도 곰돌이 인형 갖고 싶어요."

'봄날의 곰' 책 이벤트로 출판사에서 준 곰돌이 키링을 나눠주니 아이 얼굴에 기쁨의 미소가 번진다. 나는 주말마다 도서관 어린이자료실에서 따뜻한 정과 사랑의 향기가 가득 담긴 책을 대출해 주고 반납받는 신입 사서가 되었다. 턱걸이로 겨우 들어오게 되었지만 이순이 넘어가는 나이에 다시금 도서관에 발걸음을 내디뎠다. 아들 녀석들은 도서관 사서로 일하게 되었다는 사실을 축하해야 할지, 슬프다고 해야 할지 결정할 수 없는 듯 난감해하는 표정이 역력하다. 친구들은 다 늙어 주책이라며 끊임없이 지청구를 날린다. 나 역시 이렇게 다시 도서관 사서로 일하게 될 줄은 몰랐었다.

아들이 분양받은 아파트로 입주하게 되었다. 아는 사람 하나

없는 곳으로 이사를 오게 되니 당연히 지인들과 만남도 줄어들었다. 그러다 보니 집에만 있는 시간이 길어지면서 정신마저 혼미해져 갔다. 새로운 환경에 적응을 위해 어디론가 돌파구를 찾아야 했다. 이사를 할 때마다 매번 제일 먼저 찾는 곳이 도서관이었다. 책 읽기를 좋아하고 가끔씩은 어쭙잖은 글을 쓰고 있어 도서관은 언제나 나에게 좋은 스승이었다. 그날도 어김없이 도서관을 찾았다가 주말 자료실 근로자 구인 공고 안내판을 만났다. 대학을 졸업하자마자 모교 사서로 근무하였던 젊은 시절이 생각났다. 무슨 용기였는지 모르겠다. 무작정 신청서를 작성하고 나름 열심히 자기소개서도 작성하였다. 이 많은 나이에 설마 되겠냐는 의심도 있었지만 그날은 왠지 꼭 하고 싶은 마음이 생겼다. 물론 치열한 경쟁이 있을 거라는 예상은 했다.

서류 전형에 합격되었다며 면접을 보러 오라는 반가운 소식을 접했다. 반신반의했다. 이순이 넘은 나이에 새롭게 면접이란 것을 보게 될 줄은 꿈에도 몰랐다. 그 일이 놀랍게도 나에게 일어났다. 기쁨도 잠시 수십 년 만에 접하게 되는 면접을 어떻게 보아야 할지 난감했다. 눈앞이 캄캄해지고 속까지 울렁거렸다. 남편은 뭐 그깟 일에 그리 당황하느냐고 안 되면 어떠냐고 했지만 어차피 이렇게 된 것 면접까지 잘 봐서 꼭 합격하고 싶었다. 아들들에게도 아직은 엄마도 뭔가를 할 수 있다는 것을 보여 주고 싶기도 했다.

남편과 예상 질문을 만들어 연습도 하고 아들들의 면접 조언도 들으며 나름 열심히 면접 대비를 했다. 세 사람 면접관 앞에 세 사람 면접 대기자 면담이었는데 예상했던 질문과 달리 엉뚱한 질문이 쏟아졌고 어떻게 대답을 한 것인지 기억조차 못 할 상황이 끝나고 면접은 종료되었다. 떨어질 것이 당연했다. 괜히 일을 저지른 것 같아 집으로 돌아오는 내내 발걸음이 무거웠다.

며칠 후 합격되었다는 연락을 받았다.

시들하던 꽃이 다시 피어나는 것 같은 느낌이었다고 할까. 남편에게 자랑하고 아들들에게도 합격되었다며 문자를 보냈다. 그렇게 시작된 도서관과의 인연은 내 생활에 새로운 활력소가 되었다. 같이 입사한 젊은 친구들에 비해 일하는 속도도 느리고 이해력도 모자랐지만 나름 최선을 다하였다. 출근할 때마다 뭘 입고 갈까 행복한 고민이 이어진다. 어설픈 손놀림으로 시작된 도서관 생활에 조금씩 익숙함이 묻어났다. 부모와 같이 도서관을 찾아오는 아이들 모습을 보면 저절로 미소가 지어진다. 가냘픈 손으로 무거운 책을 낑낑 들고 가는 아이를 보면 반사적으로 몸이 먼저 나간다. 어린이자료실 근무로 돋보기 도수는 높아지고 내 걸음걸이도 점점 빨라져갔다. 매일 도서관 찾아오는 형제는 오늘도 다정히 의자에 앉아 『그리스 로마 신화』에 빠져있다. 영유아실에서는 엄마가 아이에게 동화를 읽어주는 소리가 잔잔하다. 진짜 아이들만의 세상이 펼쳐지는 느낌이다.

    다양한 학습, 건강, 여가 활동을 중심으로 알찬 프로그램이 가득한 도서관생활에 대학시절 새내기 풋풋한 열정으로 온 청춘을 불살랐던 그때 기억이 아슴아슴 떠오른다. 여기서는 나 역시 신입이 아니던가. 앞으로 살아갈 날에 비한다면 지금이 가장 젊을 때이기도 하다. 인생은 60부터라는 말을 절실히 실감한다. 이제부터 남은 인생도 씩씩하게 더 폼 나게 살아보리라. 누구나 예외 없이 늙음이라는 단어에 시나브로 물들어 갈 것이며 어느 틈에 인생의 끝자락에 서 있게 될 날이 올 것이다. 그날에 나는 정말 열심히 살았노라고 말할 수 있게 되기를 고대하면서 60평생 이어져 온 내 자취들과 흩어진 책들을 모아 서가에 꼿꼿이 배열을 해본다.

오늘 하루로도 충분히 좋다

안양 · 우재인

그때는 한 줄기 빛이 보이지 않는 터널 속에 갇혀있었다. 터널 밖으로 빠져나오기까지 자그마치 십오 년이 걸렸다. 몸과 마음이 힘들었지만 늘 고통스럽지만은 않았다. 내 아이들은 나에게 행복이었고, 부모님은 내가 망가지지 않아야 할 이유였다.

남편의 도전은 무리한 욕심만은 아니었다. 네 식구가 더 잘살아 보고자 시작한 일이었다. 하지만 섣부른 도전이었고 혹독한 세상으로의 초대였다. 결국 봄날의 희망은 벚꽃잎처럼 산산이 흩어졌고 우리 앞에는 거대한 동장군만 버티고 있었다.

아침에 눈 뜨기가 싫었다. 눈을 질끈 감고 이불을 덮어썼다. 9시가 되면 금융기관의 독촉 전화가 시작되었다. 문자나 전화로 해결이 안 되면 법적 절차를 예고하는 편지가 날아들었다. 그 편지는 차분한 말투로 나를 두렵게 했다. 나를 집어삼켰다. 결국 살고 있던 집 전세금을 빼서 급한 불을 끄고는 노후한 18평 시댁 빌라로 들어가게 되었다.

 6인 가족은 서로가 서로에게 힘이 되어 이 상황을 이겨내려고 했다. 시부모님께서는 함께 벌어 갚자며 힘내자고 하셨다. 어른의 우울함이 밀려올 때면 세 살배기, 한 살배기 아이의 재롱으로 순간을 웃을 수도 있었다. 하지만 희망은 그리 쉽게 빨리 오는 게 아니었나 보다. 가장 힘을 내야 할 남편은 자꾸 뭔가 진흙탕으로 빨려 들어가는 것 같았다. 건져 올려놓으면 다시 빠지고 빠져서 나머지 가족을 힘들게 했다. 그럴 때면 나는 못나게도 시부모님을 원망하기도 했다.

 '아들을 따끔하게 혼내주시지.'

 시아버지의 허허실실을 보면 문제를 정면으로 보지 않고 회피하는 중이라고 생각했다. 부모가 웃고 별일 아니라고 생각하니 아들도 그런 거라고 생각했다. 점점 마음이 삐뚤어져 갔다.

 그날은 시어머님이 안 계신 날이었다. 5명이 저녁을 먹기 위해 한자리에 앉았다. 힘든 건축 노동일을 하시고 들어오신 아버님께는 밥을 가득 퍼담았고 나는 입맛이 없어 반 공기만 폈다. 그 모습을 보신 아버님은 본인의 밥을 덜어서 내 밥그릇에 올려주셨다.

 "많이 먹어."

 그 말을 듣고 나는 속으로 생각했다. 밥만 많이 먹는다고 이 상황이 해결되지 않는데 또 저 말씀만 하신다고 말이다. 뚱한 표정으로 나는 아버님이 주신 밥을 남편 밥그릇으로 다시 옮겼다. 식사는 아이들의 종알거림만 있고 어른의 대화는 일절 없이 마무리되었다. 식후 아버님은 바람 쐬러 외출하셨고, 실족사로 그날 돌아가셨다. 결국 '많이 먹어.'라는 말이 유언이 되었다.

평생 몸으로 하는 노동일을 하셨던 시아버님의 그 말은 밥심으로 하루를 살아내자는 말씀이었을 것이다. 하루를 충실히 살아내면 내일을 살아갈 힘이 생기고, 그렇게 살다 보면 좋은 날이 올 거라는 마음이었을 것 같다.

정말 눈뜨기 싫을 정도로 괴로울 때는 아무것도 먹고 싶지 않았지만 억지로 일어났다. 국 한 그릇에 밥 한술 말아먹고 나면 그래도 살고 싶어졌다. 따뜻한 국물이 온몸에 퍼지면 살아야겠다 싶었다. 그렇게 우리 가족은 따뜻한 밥에 담긴 가족의 사랑을 먹으며 다시 일어났다.

힘든 그 시기에 옛 직장 선배를 만나러 간 적이 있었다. 선배의 인생도 평탄하지만은 않았기에 조언을 듣고 용기를 얻고 싶었다. 선배 앞에서 나는 주체할 수 없는 눈물을 흘렸다. 그러자 선배는 책꽂이에 꽂혀있던 본인이 읽던 책 두 권을 내게 주었다. 법정 스님의 『무소유』와 『오두막 편지』였다.

"나 기독교거든. 근데, 스님 말씀에 그리 마음이 편할 수가 없어. 꼭 읽어 봐."

새하얀 표지에 소박한 그림이 그려진 책을 품에 안고 집으로 돌아왔다.

책을 펼쳤다. 선배가 써 준 글에 다시 눈물이 솟구쳤다.

"모든 것은 지나갈 거야. 자연스럽게. 파이팅!"

법정 스님의 책을 읽으며 오늘에 감사하고 내 마음 정진에 힘썼다. 내가 어떻게 바꿀 수 있을 거라고 생각한, 어쩌면 내 소유라고 생각한 남편을 애처로운 한 인간으로 바라보니 미움과 원망은 차츰 누그러졌다. 나는 나대로, 그는 그대로 자신의 방법으로 하루를 다시 일으켜 세우려고 노력했다. 점차 그도 그의 다리를 붙잡고 있던 진흙탕에서 빠져나오기 시작했다. 밥과 책은 삶을 충실히 만드는 나만의 재료였다. 몸이 먹는 것이 밥이라면 마음이 먹는 것은 책이었다. 책과 밥은 나를 깨우고 세웠다. 매일 독서는 나를 글쓰기의 길로 초대했고 글쓰기로 가벼워진 내 마음은 매일 충만함으로 가득하다. 밥, 책, 글이 있는 오늘을 살아간다.

오늘 하루로도 충분히 좋다.

언젠가는 신호등 불빛이 바뀐다는 사실:
신호등 앞에서 배운 기다림

안산 · 이다혜

밖을 나갈 때면 지나쳐야 하는 집 앞 사거리 횡단보도가 있습니다.

신호가 한 번에 바뀌기 때문에 파란불을 놓치면 오래오래 기다려야 합니다. 사거리 횡단보도는 마치 커다란 네모 안에 엑스 표시를 그려놓은 듯 보입니다. 그 중심을 지나갈 때면 사방으로 갈 수 있으면서도 아무 방향으로도 움직이지 못하는 기분이 들곤 합니다. 가끔 저는 엑스가 교차하는 가운데에 서 있고 싶다는 충동이 들 때가 있습니다. 현재에 집중하라는 말은 익히 들어 알고 있지만 밀려오는 미래에 대한 걱정으로 머릿속이 가득할 때가 특히 그렇습니다. 가려고 하는 곳으로 건너가야만 하는 상황에 걷다가 우두커니 서 있고 싶다는 생각은 아무래도 좋은 생각이 아닐 것 같아 멈춰 선 적은 없습니다.

신호등이 깜빡깜빡하는 것을 멀리서 보게 되면 저는 급하게 달려 나갑니다. 원체 서두르는 사람이기 때문에 약속 시간에 늦을 리 없고 3분 정도는 기다릴 수 있는데도, 그 3분이 아까워서 마구 달려 나갑니다. 횡단보도 바로 앞에서 빨간 불로 바뀌면 괜스레 화가 샘솟습니다. 조금만 더 빨리 달렸다면, 아니 조금만 더 빨리 나섰다면.

그랬다면 건널 수 있었을 텐데.
고작 3분이 아까워서 든 생각이 모든 부정적인 것들을 불러 모읍니다. 숨을 거칠게 몰아쉬면서 세상 모든 것을 싫어하게 됩니다. 왜 이렇게 나는 운이 없지. 고작 횡단보도 하나도 제대로 건너지도 못하네. 수많은 부정적 에너지는 이 생각으로 저를 이끌고야 맙니다. 나는 되는 게 없다.

되는 게 없다는 생각.
이 생각이 현재에 집중할 수 없도록 만든다는 것을 깨달았던 순간은 특별한 순간이 아니었습니다. 그 순간은 아이러니하게도 그렇게 3분을 가만히 서서 신호등 불이 바뀌는 것을 기다리던 순간이었습니다. 가만히 멈춰 서 있으면서 저는 당연히 다가올 미래를 기다렸습니다. 신호등 불이 바뀌어 건너가는 미래입니다. 신호등 불이 바뀐다는 당연한 사실을 의심하지 않았기 때문입니다.

기다리면 언젠가는 바뀌게 되리라는 것.

고작 신호등을 기다리면서, 깊은 깨달음을 얻을 수 있었습니다. 그러니까 신호등은 '고작' 신호등이 아니었습니다. 사실 신호등에는 많은 약속이 담겨 있습니다. 모두가 합의한 약속을 지키는 행위로 우리는 모두 안전할 수 있게 됩니다. 일정 시간이 지나면 빨간불이 켜지고, 파란불이 켜지는 것. 횡단보도 앞 신호등이 빨간색이면 사람은 멈추지만 차는 멈추지 않습니다. 반대로 횡단보도 앞 신호등이 파란불이면 사람은 건널 수 있지만 차는 지나가지 못합니다.

건너기로 선택한 자신을 믿자고 생각했습니다.

저는 어쨌든 엑스가 교차하는 가운데에 서 있지 않고 계속 앞으로 걷기를 선택했습니다. 엑스의 중심은 모든 방향이 교차하는 점이라는 것을 알고 있기 때문입니다. 한 발짝만 움직이면 어디로든 향할 수 있는 열린 가능성의 공간입니다. 앞으로도 부정적 에너지는 저의 주위를 맴돌며 저를 이끌기 위해 노력하겠지요. 하지만 이제는 의심하지 않을 것입니다. 신호등은 바뀐다는 것. 바로 앞에서 놓치더라도 숨을 고르고 기다리면 다시 앞으로 나갈 수 있다는 것.

이런 태도로 현재에 충실히 살아가며 다가올 미래를 마주하고 싶습니다.

비 그늘 꽃무늬

대구 · 이수아

밥 한술이라도 뜨고 가!

계란국 폴폴 끓는 냄새가 온 집안에 울려 퍼졌다. 엄마의 목소리는 아직도 부엌 벽을 두드리며 맴도는데, 나는 그러나 말거나 발밑으로 꼬깃한 흰 운동화를 구겨 넣을 수밖에 없다. 안쪽에서 차가운 천이 발가락을 스르르 핥았다. 후다닥 후다닥. 문을 열고 후다닥.

나 늦었어!

돌담 틈 새파란 쑥이 고개를 내미는 곳까지, 고개를 돌리지 않고 걸었다. 차가운 이슬이 콧속으로 파고든다. 허둥대는 숨소리 위로 처마 밑 제비집이 흔들리며 지난여름의 진흙 냄새를 떨어뜨린다. 내가 가는 길까지 이어진 빗물 웅덩이들이 구름 조각을 삼키고는 흔들리며 토해내는 모습이, 녹슨 양은그릇에 비친 하늘과 닮았다.

바쁜 게 왜 이리 많은지. 아스팔트 위로 스민 빗물 냄새, 신호등이 깜빡이는 횡단보도, 그 위를 밟고 지나가는 검정 구두와 흰 운동화들이 서로 다른 박자로 빗줄기를 가른다. 우린 사철나무 잎사귀가 비틀리는 소리를 들을 새도 없을까. 가지 끝에서 떨어진 빗방울이 목덜미로 스르륵 미끄러져 내렸다. 빗방울이 교복 옷깃으로 스며들 때 느껴지는 차가움이 생생하다.

그 모습을 가만히 앉아 멍하니 보고 있자니. 마음은 멍멍멍. 어째 까무룩 소식이 없다. 멍하니 못 봐 안 나오나. 천 개로 부서져도 보고픈 발자국은 그림자도 없네. 고목에 핀 버섯처럼 허공에 새겨지는 수천 개의 점점점.

정류장의 철제 난간에 기대니 흐릿한 빗소리 위로 어떤 연기가 살며시 기어오른다. 반대편 노점 라디오의 오래된 음악이 할아버지의 담배 연기처럼 쉰 듯 달라붙었다. 그 호롱불 아래 할머니의 등골이 군고구마 굽는 연기 속에서 한 올 한 올. 달큼한 탄 내음이 코끝에 닿자 교실 창가에 매달려 있던 담쟁이덩굴이 생각났다. 아무도 물을 주지 않아도 퍼져나가던 그 녹색. 그 우직함이 스르르 펴지는 모습을 보면 꼭 할아버지가 주머니에서 꺼내 주던 누런 사탕 뭉치가 떠올랐다. 그런 기억은 항상 빗물 냄새를 타고 왔다. 손바닥만 한 기쁨도 주머니 가득 쟁여두던 시절.

학생은 고구마 시킬라고? 아니면 빈대떡 먹을텨?

손금처럼 자글자글한 동전을 내밀었다. 여기 노점 빈대떡은 등 굣길에 할아버지가 손수건에 싸서 주던 뜨끈한 빈대떡과 꼭 닮았다. 담벼락을 따라 개구리가 풀풀 날던 날들, 그때도 비는 이렇게 콩알만 해 사철 장맛비라 불렸는데. 또다시 빗줄기가 노상전선의 전깃줄을 흔들며 내려갈 때, 우리는 알알이 구슬이 되어 도랑을 구르네. 땅거미 지는 창녘 노을처럼 할머니의 군침소리도, 엄마의 발걸음도 모두 이 빗속에 녹아내리는 법이다. 그러니 빈대떡 두 개를 포장해서 곧장 엄마에게 전화를 걸었다. 뜨듯한 검은 봉다리가 고소한 향을 자꾸 내민다고. 오늘 학교는 됐으니 어서 이리오라고.

고소한 기름향이 입안에서 터질 때서야 웃음을 참을 수 없었다. 비 오는 날의 빈대떡 맛이 유독 달콤한 까닭을 오늘에서야 알 것 같았다. 그때는 기름 냄새보다 가난의 냄새가 더 진했는데, 지금 이 부침개 노란빛 속에 아득한 세월이 스며들어 있네.

엄마 손 꼭 잡고 집으로 돌아오는 길에 골목길 벽에 핀 민들레를 보았다. 골목 어귀에서 빗물이 모여 만든 작은 웅덩이에 꽃이 비쳤다. 밟혀서 움푹 꺼진 꽃밭이 물거울 속에서는 온전히 둥글게 떴다. 누군가의 발자국에 눌려 뿌리째 들뜬 채로도 노란 꽃을 피워내고 있었다. 할아버지 목소리가 들릴 것만 같아 발걸음을 멈췄다.

겨우 살아남은 것도 다 생명이란다. 잎사귀 한쪽이 짓뭉개진 채로도 노란 꽃잎을 부풀리는 모습에 어깨 위로 축축한 교복 소매가 덜컹였다. 이 빗물도 우리 집 대문 앞에서 멈추면 좋겠다. 언젠가 젖은 교복 소매에 묻은 호박 씨를 털어내며, 내일은 라디오에서 흘러나오던 그 곡의 제목을 물어봐야지 생각했다. 빗물에 젖은 민들레꽃처럼 오늘의 맛을 혀에 올려본 채.
누군가의 발밑에서도 노을진 꽃잎은
수천 개의 라디오 주파수를 타고.

계단을 오르며

울산 · 이진주

"우리 중에 제일 건강한 사람이 커피 사는 거 어때요?"

점심을 먹고 사무실로 돌아가는 길, 누군가의 제안에 우리는 솔깃했다. 사무실 앞 휴게실에는 누구나 이용할 수 있는 혈압측정기가 비치되어 있다. 평소에는 아무도 관심이 없었던 기계였는데, 오늘은 커피를 사는 사람을 정하는 중요한 역할을 하게 되었다. 평소에 건강에 자신이 있었던 나는 마음속으로 '내가 사겠구나.'라고 생각하고 있었다. 건강해서 쓰는 돈은 아깝지 않고 기분 좋게 쓸 수 있을 것 같았다. 측정기에서 결과가 나올 때마다 탄식과 비명이 교차했다. 내 순서가 되자 나는 자신만만하게 기계 속으로 팔을 쑥 넣었다. 임신을 했을 때에도 혈압과 관련해서 단 한 번의 재검도 받은 적이 없었기에 나의 승리는 예정된 거나 다름없었다. 몇 초간의 정적이 흐르고 드디어 결과가 발표되는 순간, 내 몸은 깜짝 놀라 굳어버리고 말았다. '140'이라는 숫자가 보였다. 처음

보는 생소한 숫자에 너무 놀라 얼른 핸드폰을 열어 혈압 정상 수치를 검색해 보았다. 수축기와 이완기 혈압이 '120/80(mmHg)'이 나와야 정상인데, 수축기 혈압이 '140' 이상이면 고혈압이라고 했다. 내가 충격에 휩싸여 있을 때 누군가가 말했다. 기계가 오작동 하였을 수도 있으니 다시 한번 재보라고. 그 말에 마음속에 살짝 희망이 피어났다.

'그래 맞아, 기계가 오래돼서 그럴 거야. 내가 얼마나 건강한데.'

두근거리는 마음으로 기계에 다시 팔을 넣었다. 처음과는 달리 긴장되고 떨리기 시작했다. 두 번째 결과는 '136'. 처음보다는 조금 덜 나왔지만, 그래도 우리가 알고 있는 정상 범위는 아니었다. 나는 '제일 건강한' 동료가 사준 커피를 마시며 건강했던 지난날을 떠올렸다. 내 인생에 등장할 것 같지 않던 '고혈압'을 만난 후 머릿속은 온통 혈압 생각으로 가득 찼다. 이유가 뭘까. 이유가 뭘까.

그러고 보니 지금 일하는 자리가 먼저 눈에 들어왔다. 1년 전, 누구나 기피하는 부서에 오게 되었다. 많은 사람을 상대해야 하고, 화장실도 자주 갈 수 없고, 휴가도 마음대로 쓸 수 없는 자리였다. 워낙 힘든 자리라 오기 전부터 마음을 굳게 먹고 시작했었다.

'잘할 수 있어. 넌 다른 사람들과 달라. 뭐든지 해내잖아.'

마음속으로 이 말을 주문처럼 되뇌며 매일 쏟아지는 일들을 처리해 냈다. 그 주문에 마법이 걸린 나는 억지로 나를 달래며 일을 밀어붙였다. 스트레스가 쌓이니 커피를 물처럼 마시고, 손이 잘 닿는 곳에 과자를 놓고 군것질을 입에 달고 살았다. 퇴근을 하면 힘든 하루를 보상받듯 자극적인 음식을 먹었다. 내 몸은 건강하니까 내가 하는 모든 행동을 받아 줄 것이라는 믿음으로 무질서한 나날을 보냈다. 결국 나는 내 몸이 보내는 시그널을 읽지 못한 채 여기까지 오고야 말았다.

나는 회사에서 정식으로 실시한 건강검진에서조차 '고혈압'의 경고장을 받았다. 그동안 기계의 오작동 탓으로 돌리며 마지막까지 희망을 놓지 않았는데, 이제는 나의 혈압 상태를 받아 들여야 했다. 더 이상 꾸물거릴 시간이 없었다. 나는 법정 스님의 '출가 정신'을 떠올렸다. 그동안 지녀온 타성에서 벗어나 잘못된 생활 습관을 고쳐나가기로 했다. 물처럼 마시던 커피 대신 진짜 물을 마시고, 과자가 있던 자리를 견과류로 대체했다.

그리고 또 하나. 따로 시간을 내어 운동할 수 없었기에 매일 아침 출근 시간에 회사 건물의 1층에서 12층까지 계단 오르기 운동을 했다. 처음 계단 오르기를 한 날, 차오르는 숨과 쏟아지는 땀으로 범벅이 된 나는 12층에 도착해서 한동안 움직일 수가 없었다. 하루에 쓸 에너지를 모두 써버린 느낌이었다. 그런데 매일 빠짐없이 계단을 오르며 내 몸에 집중을 하니 몸에서 일어나는 변화가 또렷이 느껴졌다. 처음에는 편안한 호흡으로 시작하지만 계단을 오를수록 숨이 점점 가빠지면서 심장이 뛴다. 심장이 펌프질을 하며 내 몸의 혈액들을 온몸 구석구석으로 보내준다. 마치 혈관을 청소하듯 바쁘게 움직이는 세포들을 하나하나 느끼며 기분 좋게 계단을 오른다. 또한 허벅지에도 근육이 붙더니 덩달아 마음에도 근육이 붙었다. 계단을 오르며 오늘 하루를 어떻게 그려갈지 생각하고 다짐한다. 새로운 하루가 주어진 것에 감사하고 행복을 느낀다. 나는 나 자신과의 약속을 지키기 위해 하루도 빠짐없이 계단을 올랐다. 짐이 많은 날에도, 비가 오는 날에도, 햇빛 쨍쨍한 여름에도, 눈이 오는 겨울에도. 계단을 타는 나는 변함이 없고, 다만 내 주위의 배경만 바뀔 뿐이었다.

그렇게 묵묵히 계단을 오르기 시작한 지 벌써 2년째다. 처음에는 '고혈압'이라는 괴물을 물리치려는 마음으로 시작했지만 이제는 내 하루의 시작을 알리고, 나의 건강을 지켜주는 선물 같은 시간이 되었다. 하루 10분. 오롯이 내 발걸음에 집중하고, 내 마음에 집중하며 한발 한발 내딛는다. 아침 계단을 오르며 하루를 충실하게 살아갈 수 있는 힘을 얻고, 인생을 잘 걸어갈 수 있기를 기도한다. 하루 또 하루의 작은 걸음들이 모여 내 인생을 지탱하는 큰 걸음이 되리라. 시간이 흐르고 흐른 뒤, 언젠가 나는 당당하게 이렇게 말할 것이다.

"우리 중에 제일 건강한 사람이 커피 사는 거 어때요?"

내 삶에 대한 배려를 꿈꾸며

포항 · 임원석

극 희귀 질환을 가진 두 아들의 아빠이자, 한 사람의 남편으로 살아가는, 이름마저 '환자'가 되어버린 사람입니다. 지금도 희귀 질환을 동반한 암에 의해 조금씩 삶을 갉아 먹히고 있습니다.

십여 년 전, 머리와 안구 쪽에 이상이 생겨 대학병원을 찾았지만, 이미 병의 상태는 많이 진행된 상황이었습니다. 모든 걸 포기하고 다시 지방의 시골집으로 내려가려던 순간, 주위의 도움으로 시험적인 케이스이긴 하지만 정확한 진단도 받지 못한 채 감마나이프 치료를 받으며 살아왔습니다. 하지만 지겹도록 질긴 병은 다시 찾아왔고, 결국 '카우덴 증후군'이라는 이름조차 낯선 유전병이 내게 더해졌습니다. 그리고 다시 '십이지장암 3기'라는 현실이 나를 찾아왔습니다.

의사는 말합니다. 희망은 작다고. 주변사람들은 조심스럽게 말합니다. 안타깝다고. 하지만 정말 아픈 건 몸이 아니라 마음입니다.

문득문득 '왜 나인가'라는 질문이 가슴을 찌릅니다. 나에게서 끝나야 할 병이지만, 유전병이다 보니 자녀에게 영향을 끼칠 수 있다는 말은 나의 매일을 지옥으로 끌어당깁니다. 처음 진단을 받고 진료실을 나오던 날, 나는 웃으며 하늘을 보았습니다. 하지만 의료 파업으로 아무것도 하지 못한 채 외래를 떠돌던 7개월 동안, 진료실을 나올 때마다 나는 병원 안의 교회에 들어가 세상이 들으라는 듯이 소리쳤습니다. '내가 왜?' 내가 무슨 잘못을 그리 많이 했느냐고 말입니다. 그렇게 '왜?'라는 물음은 하루에도 몇 번씩 내 마음 깊은 곳을 헤집고 지나갑니다.

누군가에게는 평범한 하루가, 나에게는 참 버겁습니다. 그렇게 애써 살아온 삶의 끝이 이토록 잔인하다면, 그 의미는 무엇일까요? 삶이 나를 저버린 것만 같고, 나 역시 삶을 놓고 싶어진 적이 수없이 많았습니다. 그럼에도 불구하고 나는 오늘도 살아갑니다. 누구도 대신 아파줄 수 없고, 대신 살아줄 수도 없기 때문입니다.

그래서 오늘만큼은 내 몫으로 고통을 껴안습니다. 이것이 나에게 주어진 운명이라면, 피하지 않고 마주보기로 합니다. 햇살 한 줄기, 밥 한 숟갈의 따뜻함 속에서 나는 여전히 '살아 있음'을 느낍니다. 살아 있다는 건 숨을 쉬는 것만이 아니라, 마음이 아직 느끼고 있다는 증거입니다. 아파하고, 슬퍼하고, 웃고, 분노하는 모든 순간이 내가 사람이라는 증거이자, 오늘을 살아내고 있다는 흔적입니다.

그렇게 나는 8개월 후 어렵게 13시간의 수술을 마치고, 5개월간의 걷기 훈련과 식습관 변화 훈련을 거쳐 다시 일상으로 돌아와 현재를 살아가고 있습니다. 하지만 여전히 유전병인 '카우덴 증후군'으로 고통받고 있으며, '나에게서 끝이 날 수는 있을까?'라는 질문이 끊임없이 마음을 어지럽게 합니다.

시간은 너무도 빠르게, 바람처럼 흘러갑니다. 하지만 나는 지금의 나의 속도로 걷고 싶습니다. 어느 날은 빠르게, 어느 날은 느리게. 그렇게 그저 나답게 걸어가고 싶습니다. 너무 아플 땐 '지나가리라, 지나가리라' 하는 말을 습관처럼 되뇝니다. 그리고 가끔, 너무 좋은 날에는 이 시간이 멈췄으면 합니다.

나는 더 이상 앞서가려 하지도, 누군가를 따라가려 하지도 않습니다. 오직 나에게 주어진 이 시간을 조용히, 성실히 살아내는 것. 그것이 내가 나 자신에게 줄 수 있는 가장 단순하고도 진실한 배려라고 믿습니다. 내일이 오지 않더라도, 오늘만큼은 온전히 살아내고 싶습니다.

오늘의 빛과 냄새와 소리를, 내 마음이 무너지기 전에 가슴 깊이 새기고 싶습니다. 그리고 문득, 그 하루를 견뎌낸 나 자신에게 작은 미소 하나와 "잘 견뎌냈다"는 칭찬의 말 한마디를 건네고 싶습니다.

삶은 늘 예기치 않은 방향으로 흘러가는 듯합니다. 뜻한 바대로 삶이 이루어진다면 얼마나 좋을까요. 지금의 삶이 비록 원하지 않은 시간일지라도, 나는 나만의 길을 걷고자 합니다. 속도를 내지 않아도 괜찮고, 넘어져도 괜찮습니다. 잠시 쉬어가면 되니까요.

스스로 포기하지 않는 한, 삶은 분명 소중한 순간을 나누어 줄 거라 믿습니다. 내가 이 길을 끝까지 걸어가고 있다는 사실만으로도, 충분히 의미 있는 하루일 테니까요.

지금을 사는 용기

세종 · 임채율

　매일 사람들에게 상처를 받으며 '내가 왜 살아야지…?' 같은 이런 생각을 하며 삶을 살았습니다. 너무 힘들어서 시도 때도 없이 자살 시도를 하기도 했습니다. 그중에서 가장 견디기 힘들었던 건 학교 아이들의 험담이었습니다. 제가 이상하다는 소리, 못생겼다는 소리, 온갖 소리를 들었습니다. 결국 우울증이 극심해져 병원에서 약물치료를 받으며 힘들게 있었습니다. 하지만 병은 더 악화되었고 불안장애, 공황장애, 조울증, 불안장애, 인격장애. 강박증까지 지닌 채 살았습니다.

　이런 사실을 학교 아이들은 당연히 몰랐습니다. 절 더 괴롭힐 뿐이었습니다. 학교에서 공황장애가 와서 숨쉬기 힘들어하는 저를 보고도 신기한 동물 보듯 쳐다봤습니다. 그런 시선들 가득한 곳에서 있는 게 정말 싫었습니다. 그런 눈빛과 시선은 제게 큰 상처였고, 지금도 여전히 마음을 아프게 합니다.

그런 일들이 있었음에도 제가 아직 살아 있는 이유는, 어느 날 우연히 한 권의 책을 만났기 때문입니다. 『초역 부처님의 말』이라는 책이었습니다. 원래 인문학에 관심이 많았던 저는, 자연스럽게 그 책에 마음이 끌렸습니다.

"험담에 자유로운 사람은 없다."

이 세상의 누구라도 어디선가 한 번쯤은 누군가의 미움을 사기 마련입니다. 그러니 어쩌면 누군가에게서 험담을 듣는 일도 어쩌면 당연한 일입니다. 과거에도, 지금도, 앞으로도 영원히 험담은 사라지지 않을 테니까요. 그러니 험담 같은 건 시원하게 흘려보내는 게 좋습니다.

험담도 상처의 일종입니다. 어찌 보면 상처받는 건 인생에서 당연한 일인지도요. 저는 과거에 너무 얽매여서 상처받은 말을 계속 생각했고, 저 스스로를 괴롭혔습니다.

하지만 그런 말들을 다르게 바라보게 되면서, 마음이 조금씩 밝아졌고 한 발짝씩 나아갈 수 있었습니다. 아직 완전히 나아진 것은 아니어도 이제는 좋지 못한 시도를 하지 않고, 햇볕도 쐬며 괜찮아졌습니다.

이런 일을 통해 한 가지 제가 느낀 것이 있다면, 이것 역시 '성장하는 과정 중 하나'라는 것입니다. 부처가 제게 준 울림입니다.

사람들은 모두 넘어야 할 '고비의 산'이 있습니다. 큰 산일 때도 있고 작은 산일 때도 있습니다. 그리고 대부분은 그 산만 넘으면 평지라는 걸 알면서도 힘들어합니다.

산을 넘는 일은 원래 힘든 겁니다. 우리는 서로를 도와주며 산을 넘고, 평지에 다다르면 함께 달릴 수 있어야 합니다. 과거에 얽매이지 않고 현재를 즐기며 웃으며 살아야 합니다. 지금을 살 겁니다. 과거를 살지 않고 지금을요.

험담, 상처, 이제는 괜찮습니다. 좋은 분들을 만났고, 절 토닥여 주신 덕분에 전 괜찮아졌습니다. 그리고 무엇보다 전 저이기에 이겨낼 수 있었다고 생각합니다. 맑은 생각을 하는 사람들이 책 속에서 지혜를 얻었듯, 저 역시 책을 통해 많은 위안을 얻었습니다.

사람을 통해서도 많이 배웠습니다. 사람이 사람에게 상처를 줄 수도 있지만, 사람만이 사람에게 행복을 전해줄 수도 있다는 걸 알게 되었으니까요.

너무 오랜 세월 동안 이런 이야기 할 곳 없었습니다. 꺼내기도 두렵고 싫었습니다. 그런데 이제는 알게 되었습니다. 충실하지는 못했지만 그러려고 노력하며 살았더니 세상이 달라 보입니다.

오늘 밤하늘이 참 예쁩니다.

별을 꿰어 박음질한 것처럼, 고요하게 반짝입니다.

이삿짐

안산 · 임한호

"다만, 지금을 살아라."
_법정, 『삶과 죽음의 길목에서』

법정 스님의 이 말이 이젠 머리보다 가슴으로 와 닿는다. 지금을 살아내지 못하면, 과거도 미래도 결국 헛되이 지나가는 덧없는 그림자일 뿐이니까.

엄마가 세상을 떠난 후 오래 미루었던 이삿짐을 풀듯 나는 해남 땅끝마을로 향했다. 내내 가슴에 가시처럼 걸렸던 슬픔을 바다의 끝에서 해넘이와 함께 넘길 결심이었다. 지난해 엄마가 세상을 떠났을 때, 나는 그 집을 떠나야 했다. 달력 속 숫자는 달라졌지만, 여전히 엄마가 살아서 베란다고 화장실이고 안방 침대에서 불쑥불쑥 나와서 견딜 수 없었기 때문이다. 젖먹이가 젖을 떼듯, 간병과 상실의 기억을 뿌리 뽑고 싶은 마음이었으리라.

꽃을 좋아하던 엄마. 엄마와 함께 와본 마지막 사찰은 해남 미황사였고, 그때 우리가 본 건 색 꽃이 아닌 바람에 피어나는 눈꽃이었다. 오늘도 그날처럼 절 마당에 수북이 쌓인 눈 위로 햇살이 내리쬐었다. 꽃무늬 옷을 즐겨 입던 엄마가 소복을 입고 나타나신 듯, 눈꽃은 마치 살아 움직이는 것처럼 반짝였다.

밤에 나는 땅끝마을 바닷가로 갔다. 파도처럼 넘실대는 무리에 섞여 해넘이를 보았다.

엄마는 작년에 이렇게 말씀하셨었다.

"모든 죽어가는 것들은 저렇게 예쁘구나…!"

바다와 하늘이 맞닿은 수평선 위로 붉은 해가 천천히 가라앉는 풍경은, 마치 하늘이 이 세상과 작별 인사를 나누는 듯 처연했고, 모자의 질긴 운명은 결심을 했다고 해서 순식간에 사라지지 않는 것이란 깨달음이 일었다.

그리고 다음 날, 난 미황사 대웅전 앞에서 해돋이를 맞았다. 사찰 뒤편 산마루에서 해가 떠오를 때, 어제의 해와 오늘의 해가 전혀 다른 존재임에도 같은 자리에서 다시 피어나는 그 장면이 내게 건네는 위로의 선물처럼 느껴졌다.

"삶은 흘러가는 것이 아니라 채워가는 것이다."
_법정, 『홀로 사는 즐거움』

엄마 없는 나날을 그저 해넘이 하기에 바빴던 나는 법정 스님의 이 말씀을 떠올리고 갑자기 부끄러워졌다. 내가 해야 할 일은 기억을 지우는 것이 아니라, 그 기억을 품은 채 지금 이 순간을 채워나가는 것이라는 것.

엄마의 영정을 모신 미황사의 주지 스님은 내 어깨를 가볍게 짚으며 물었다.
"이 눈꽃은 어디까지 이어질까요?"
나는 눈길을 따라 멀리 펼쳐진 눈꽃길을 바라보았다. 심심상인(心心相印), 서로 아무 말도 하지 않았지만 그 길은 누군가의 마음이 수놓인 듯 고요하고 따뜻했다.
스님은 이어서 말했다.
"눈꽃은 언젠가 녹고 사라지지만, 그 자리에 남는 건 결국 사람의 마음이에요."

나는 고개를 끄덕였다. 그토록 나를 위해 살아오셨던 엄마. 엄마는 언제나 나의 봄이자 겨울이었다. 때로는 햇살이었고, 때로는 눈보라였던 거다.
집으로 돌아와 이제야 장롱 위 이삿짐 속에서 먼지 낀 박스를 꺼내어 냈다. 엄마의 손때 묻은 꽃갈피 노트와, 그 아래엔 충전기 없이 방치됐던 엄마의 휴대폰이 있었다. 전원을 켜자마자 주지 스님에게서 문자가 도착했다.

"눈꽃은 말이야, 불교에선 고요한 깨달음의 순간을 상징하지."
잠시 뒤, 휴대폰에 '완성하지 않은 메시지 1개. 계속 진행하시겠습니까?'라는 팝업이 떴다. 떨리는 손으로 눌렀다. 엄마가 마지막으로 나에게 보낸 메시지였다.

"이사 가는 거여. 먼저 극락 가서 우리 아들 잘 보고 있을 테니까, 이승의 짐들을 눈꽃길에 실어 보내. 엄마니까 다 짊어질 수 이…."

문장은 끝내 완성되지 못했다. 엄마는 나에게 이승에서의 짐을 덜고, 오늘의 삶을 계속 채워나가라고 말씀하고 계셨다. 나는 박스를 덮고 다시 세상 속으로 걸어 나왔다. 여전히 얼어붙은 공기 속에서도 해는 어김없이 떠올랐고, 눈꽃은 햇살 속에서 조용히 녹아내리고 있었다.

삶은 결국 이별과 이사의 연속일지 모른다. 하지만 그 속에서도 스스로를 채워나가고, 누군가의 길을 이어주는 삶이라면, 그것만으로도 충분히 가치롭다는 생각을 한다. 오늘을 살며, 나는 다시 엄마의 삶을 이어 살아간다.

단단히, 지금을 살아낸 하루

대구 · 정주희

"지금 이 순간을 잘 살아내는 것, 그것이 결국 가장 먼 길을 가는 법이다."

법정 스님의 말씀처럼 나는 어느 날부터 '지금'을 살아내는 연습을 하기 시작했다.

나의 삶은 오랫동안 '나중에'라는 단어로 채워져 있었다. 나중에 행복해질 거야, 나중에 쉬면 되지, 나중엔 괜찮아질 거야. 그렇게 미뤄둔 시간들이 쌓이면서 나는 '지금 이 순간'을 무겁게 여겼고, 매일의 일상이 버거운 숙제처럼 느껴졌다.

특히 우울증과 불면증으로 힘들었던 시절에는 하루를 버텨내는 것만으로도 벅찼다. 남들과 자신을 끊임없이 비교하며, 조급해하고, 끊임없이 스스로를 몰아세웠다. 눈앞의 오늘보다, 머릿속의 내일만 바라보며 살았다.

그러던 어느 날, 친구가 작은 화분 하나를 선물해 줬다. "너도 이 화분처럼, 조금씩 자라날 수 있어."라는 말과 함께였다. 처음엔 물을 주는 것도 잊기 일쑤였지만, 어느 순간부터 초록 잎 하나가 새로 돋아난 것을 보며 마음이 조금씩 열리기 시작했다. 식물 하나 돌보는 일조차 나에게는 너무나 오랜만의 '지금'이었다.

그 작은 생명이 자라나는 모습을 보며, 나는 오늘 하루를 제대로 살아내는 일의 소중함을 깨달았다.

그때부터 나는 하루하루의 리듬을 다시 정돈했다. 매일 아침 창문을 열고 햇살을 맞이하는 일, 따뜻한 밥을 천천히 씹으며 먹는 일, 좋아하는 향의 차를 끓여 마시는 일, 밤마다 오늘을 돌아보는 일기 한 줄을 쓰는 것. 누군가에겐 평범한 일상이었지만, 나에겐 하루를 온전히 살아내는 특별한 연습이었다.

어느 순간부터 삶이 조금씩 가벼워졌다. 거창한 변화가 있었던 것은 아니다. 다만, 지금을 외면하지 않고 하루를 단단히 살아낸 덕분에 조금씩 나를 회복할 수 있었다.
하루하루가 쌓이자 비로소 나도 내 삶의 중심으로 돌아왔다.

법정 스님의 말씀처럼, 삶은 나를 단단하게 단련시킨다. 바람이 불어도 나무가 뿌리를 내리고 흔들리듯, 나도 그렇게 오늘에 뿌리내리며 살아가고 있다. 어제를 붙잡지 않고, 내일을 걱정하지 않으며, 오늘을 온전히 살아가는 것이야말로 진짜 삶이라는 걸 알게 되었다.

지금 이 순간, 내가 나를 다독이고 사랑할 수 있다면, 그 자체로 충분하다. 나는 여전히 작고 흔한 하루를 살아가지만, 그 하루들이 모여 나를 단단하게 만들어주고 있다.

그래서 오늘도, 나는 '지금'을 살아낸다.
천천히, 묵묵히, 그리고 단단히.

한 잔의 차가 일깨운 나의 하루

함안 · 조모현

　분주함은 언제나 내 일상의 배경음이었다. 교실의 종소리, 밀려드는 과제, 멈추지 않는 SNS 알림, 그리고 끊임없이 울려대는 스마트폰의 진동까지. 이 모든 것은 나의 하루를 끌고 가는 무형의 채찍 같았다. 매일 아침 눈을 뜨면 해야 할 일들이 머릿속을 장악했고, 머물 틈 없이 움직이는 하루가 다시 시작되었다. 그렇게 나는 늘 무엇인가를 향해, 아니 어쩌면 누구인가를 따라 끊임없이 달리고 있었다.

　그런 나에게 어느 날, 우연처럼 찾아온 시간이 있었다. 바쁜 아침, 정신없이 준비하던 중 문득 손에 쥐어진 찻잔 하나. 아무 생각 없이 따뜻한 홍차를 한 모금 머금었을 뿐인데, 그 순간 시간은 낯설게 느껴졌다. 차가운 공기가 머무는 방 안에서 따뜻한 김이 피어올랐고, 찻잔을 감싸 쥔 손끝에서 온기가 전해졌다. 마치 세상의 소음이 모두 정지된 듯, 내 주변은 고요해졌다.

처음으로 아침의 고요가 귀에 들려왔다. 차의 향은 거창하지 않았지만, 은은하게 감도는 그 향이 마음 한가운데 스며들었다. 입술에 닿은 차는 무게 없는 물처럼 가볍게 퍼졌지만, 그 안에는 형언할 수 없는 깊이가 있었다. 그 짧은 순간, 나는 한 가지를 깨달았다. '비움'이란 결핍이 아니라, 불필요한 것을 내려놓는 일이라는 것을. 욕심, 집착, 비교, 불안 같은 것들로 가득 찬 나를 내려놓고 비웠을 때, 오히려 그 안에서 진짜 내가 모습을 드러내고 있었다.

지금까지의 나날은 늘 '채움'을 향하고 있었다. 성적을 채우고, 친구들과의 관계 속에서 내 위치를 확인하며, 미래를 위한 목표를 끊임없이 설정하고 달성하려 애썼다. 남들과 나를 비교하며, 부족함을 채우는 데에만 몰두했다. 그 모든 것들이 나를 무겁게 만들고 있었다. 그런데 찻잔을 들고 조용히 앉아 있는 그 짧은 순간, 나는 아무것도 소유하지 않아도 충분하다는, 말로 설명할 수 없는 묘한 충만함을 느꼈다.

그날 이후 나는 매일 아침 차를 마시는 습관을 들이게 되었다. 처음엔 단지 좋았던 감정을 다시 느끼고 싶어서였다. 그러나 차츰 그것은 하나의 의식이 되었다. 단순한 루틴 같지만, 그 짧은 시간 동안 내 마음은 다시 중심을 잡는다. 아무 말도 하지 않는 차 한 잔이지만, 그 안에 담긴 고요함은 내 안에 있던 작은 울림들을 다시 들리게 해준다. 찻잔을 내려놓고 눈을 감으면, 어제는 너무 멀리만 보던 나 자신이 오늘은 한 걸음 더 가까워진다.

스스로를 끊임없이 평가하고, 타인의 시선에 흔들리던 내가 이제는 잠시라도 나를 비워내고 현재를 바라볼 줄 알게 되었다. 찻잎이 물속에서 천천히 피어오르듯, 나의 마음도 조용히 제 모습을 찾아가고 있었다. 차를 마시는 그 시간만큼은 어떤 결과도, 성과도, 평가도 중요하지 않다. 그저 나 자신과 함께 존재하는 것, 그것만으로 충분하다.

비운다는 것은 단순한 포기가 아니다. 그것은 오히려 나를 정제하는 과정이다. 버리고 나서야 보이는 것들이 있다. 차를 마시며 나를 되돌아보는 이 시간은, 복잡하고 소란스러운 세상 속에서 나만의 숨결을 회복하는 고요한 의식이다. 더 이상 나는 무엇인가를 '가져야만' 존재할 수 있다고 믿지 않는다. 오히려 아무것도 소유하지 않아도 존재 자체로 충분하다는 진실을, 매일 조금씩 배워가고 있다.

한 잔의 차는 단지 하루의 시작을 알리는 것이 아니다. 그것은 내 안의 고요한 중심을 깨우는 묵직한 울림이다. 차를 마시는 이

짧은 의식은, 내 삶에 잃고 있었던 균형을 되찾아주는 나만의 나침반이 되었다. 이제 내 하루는 더 이상 흘러가기만 하는 시간이 아니다. 그 하루 속에서 나는 점점 더 '존재하는 나'로 살아가고 있다.

도마도가 되자

인천 · 조은경

'사과가 되지 말고 도마도가 되라'라는 속담이 있다. 이 속담의 뜻은 사과처럼 겉만 붉고 속은 흰 사람이 되지 말고 토마토처럼 겉과 속이 같은 견실한 사람이 되라는 말이라고 표준국어 대사전에 나와 있다. 내가 이 말을 처음 들은 것은, 지금보다 한참 어렸을 때 외할머니로 부터이다. '사과가 되지 말고 도마도가 되라'라는 속담 그대로는 아니었지만, 결국 말하고자 하는 뜻은 이와 같았다.

"아야, 니는 도마도가 왜 사과가 될려 그러냐, 냉장고에 도마도나 꺼내 묵어라."

당시 내가 어떤 말을 나누다가 이런 말을 들었는지는 오래되어 정확히 기억은 나지 않으나, 아마도 할머니께서는 내가 누군가의 기준에 맞춰 행동하는 것을 보고 한 말일 것이다. 할머니가 해준 말은 오래오래 남아 여름에 냉장고에서 잘 익은 토마토를 꺼낼 때마다 머릿속에 불현듯 떠오르게 된다.

  나는 대게 나와 가까워지는 감각을 느낄 때 행복하다고 느끼는데, 나와 가까워질 때를 예를 들자면 억지로 나를 남의 기준에 맞추지 않고 나 스스로 솔직해질 때, 억지로 무언가를 만들거나 꾸미지 않을 때이다.
  나와 가까워지기 위해서는 혼자서 잠깐 멈춰 스스로에게 질문을 던져야 한다.
  '정말 내가 좋아하는 게 맞나?'
  '정말 하고 싶어서 한다고 한 것인가?'
  '지금 나는 괜찮은 것인가?'
  질문에 대답을 해보며 진짜 모습과 직면해 보아야 한다.

  나는 지금 그러면 스스로에게 솔직하고 나와 가까운 상태인가? 물어보자면 사실은 아닌 것 같다. 졸업전시를 앞둔 4학년 1학기 초반부터 지금까지의 시간을 보내며 무언가 계속 쫓기는 느낌을 받는 순간이 많았고, 내가 이 작업을 진짜 하고 싶은 것인지 계속해서 자문했다. 또 뭔가 어떤 기준에 내가 부합하지 않은 것 같다는 생각을 했다. 이 상태에서 벗어나고 싶었지만 질문을 던지며 아무리 고민을 해봐도 어떻게 해야 할지 몰랐었다. 그때는 몰랐지만 이제 와서 생각해 보니 그 당시 나는 나에게 애당초에 나에게

올바른 질문을 하고 있지 않았던 것 같다.

"왜 참다랑어를 잡았는데, 그걸 가지고 생선가스를 만들려는 것 같죠…?"

담당 교수님과의 면담에서 들었던 말이다. 당시 들었을 때 충격적이었다. 동시에 당시 내 상태에 직면하게 만들어준 말이기도 하다. 지금 하고 있는 작업을 주저하고 있었던 이유에 대한 대답은 지금 나의 상태에 직면하면서부터 할 수 있었다. 내 기준이 아닌 남의 기준에 맞춰 내 모습을 억지로 남의 입맛에 끼워 맞추려 했던 것이었다. 조형이 적합한 작업임에도 대학교 다니는 3년 내내 계속해서 평면 회화 작업을 계속해서 해왔고, 과 내에서 전부 다 회화를 하다 보니 회화를 해야만 할 것 같았다. 또한 회화 작업을 해야 특정 교수님들이 내 작업에 좀 더 호의적일 것 같다는 생각도 컸던 것 같다.

생각이 정리가 되니 주저하지 말고 진행해야겠다는 생각과 함께 약간의 자신감이 붙었다. 익숙지 않아 여전히 조금 걱정이기도 하고, 1차 평가 때 작업량과 퀄리티가 나올까 걱정이긴 하지만 몇몇 특정 교수님의 입맛에 휘둘려 맞지도 않은 옷을 억지로 입을 필요는 없다. 평가도 1차만 있는 것이 아니라 2차, 3차, 4차 여러 번 있다는 사실도 알아야 했다. 작업 내용도 다정했고, 재료도 어디서 사야 하는지 다 알아보고 직접 찾아가 구매해 어느 정도 토대를 만들어놓은 상태였다. 이제 진짜 앞으로 쭉 '하기만 하면 되는 상태'이다.

'400호 기준 50% 완성'이라는 나에게 맞지 않은 기준에 목메며 내 50%를 바라봤었다. 작업 내용과 스테이트먼트 작성 그리고 자료 조사가 끝나고 본 작품도 어느 정도 들어간 나의 상태도 50%라고 할 수 있지 않나? 그렇게 남의 속도에 의식하지 않고 내 작업을 믿고 진행하기로 마음먹었다.

여름이 얼굴을 내밀고 인사를 해오기 시작한 요즘 토마토가 슬슬 보이기 시작한다. 아침에 토마토 달걀 볶음을 해먹으려고 토마토를 꺼내자 잊고 지냈던 말이 떠올랐다. '사과가 되지 말고 도마도가 되자' 겉과 속이 같은 견실한 사람이 되라는 속담이지만 나에게는 억지로 사과가 되려 하지 말라는 소리로도 들린다. 나 스스로에게 솔직하고 견실해지면 억지로 사과가 되려 하지도 않을 테고, 그러다 보면 마음이 편안해지는 것 같다. 다시 한번 나 스스로 솔직하고 견실해지는 여름인 것 같다.

인생 동행길의 행복 찾기

인천 · 진상용

 변변찮은 가정사를 끄집어내기 뭣하지만, 우리 부부가 백년가약을 맺은 지 42년째다.

 마음 허전한 청춘끼리 펜팔 연애 2년 만에 소꿉장난보다 나을 것 없는 신접살림을 차렸고, '돈보다 사랑이지', '함께 노력해서 남부럽지 않게 살자'며 다짐했던 신혼기 초심은, 가장으로서의 기본적 책무를 완성하지 못한 채, 쉬는 듯 열심인 듯 삶에 밀리고 치이며 인생 칠십 고개를 넘고 있다.

 맨몸과 빈손으로 만나 갖춘 것이야 적을망정, 신혼의 단꿈에 나날이 행복하던 휴일 아침. 느긋한 여유를 즐기던 와중에 아내가 벽걸이 달력을 가리키며 물었다.

 "자기야. 어느새 일 년이 후딱 지나갔네. 첫 결혼기념일인데 선물 없어?"

 "나도 같은 날 기념일이니 서로 주고받아야 공평하잖아. 그래도 남자니까 해마다 금반지 한 돈씩 손가락에 끼워줄게."

시큰둥한 아내 표정에 당황한 난 10주년에 내 집 마련. 20주년에 창업. 30주년에 세계 일주 여행. 40주년 은퇴 후 3층짜리 산장이 있는 전원생활을 약속한다는 뒷감당 못 할 조항까지 덧붙인 자필 각서를 작성했고, 엄지에 인주 듬뿍 묻혀 지장도 찍었다.

팔불출이라서 하는 말이 아니라, 저토록 흠잡을 데 없고 살림 잘하는 우렁각시가 곁에서 챙겨주는데 그깟 일 년에 금반지 한 돈이 대수겠나. 속물 인간 소리 들어도 반박할 말이 궁색하지만, 알뜰살뜰 모아두면 결국 우리 공동재산인 것을. 달동네 사글세 집에서의 빠듯한 살림이지만 명심해 둔 날짜에 맞춰 반지를 건넸다. 맞벌이하는 처지다 보니 아내가 몇 배 더 고생일망정 서로 애틋하게 챙겼다. 함께 노력한 만큼 집안 형편도 차츰 나아졌다.

세상사가 인생 계획표대로 진행되면 얼마나 좋으랴. 6.25 전쟁 직후에 태어난 우리 연배들 중에서 위기 몇 번씩 안 겪은 가정 있으랴 싶고, 숨겨놓은 걱정거리 없는 집이 얼마나 되랴만, 씁쓸한 고백을 하자면 우리 역시 살림이 늘었다가 줄었다가, 여러 차례 풍파를 만났다. 거머쥐려 해도 손안에 들지 않는 재물이야 그렇다 한들, 갈수록 양극인 성격 탓에 몸의 틈새가 벌어지면서 마음까지 멀어지곤 했다. 나보다 너를 탓하고, 자신에게 퍼부을 분노를 상대편한테 많이도 떠넘겼으며, 서로 찔러댄 생채기에 굵은소금을 훌훌 끼얹기 일쑤. 남들 앞에서야 헤어질 결심을 해본 적이 한 번도 없다는 뻔뻔한 거짓말 늘어놓고서, 맘속으론 그 말 당장 뒤집어 버리고 싶을 때가 몇 번이었던가. 결혼기념일 따위쯤은 서로의 관심사나 기억에서 지워지다 보니 초심 약속은커녕, 십여 년 간격으로 이런저런 위기에 내몰리는 상황이 반복되었다.

그렇게 유지되는 애증의 관계 속에서 경험으로 터득한 인생의 지혜, 세월이 약이란 명언이 결국은 맞았다. 각자의 주장 내려놓고 서로의 존재를 인정하게 되자 집안에 평화가 왔다. 괜한 소리가 아니라, 사회성 좋고 대인관계 원만한 아내 덕에 이나마 가정을 꾸려왔으며 탈 없이 키운 자식들을 짝지어 내보냈다. 저출산 문제로 온 나라가 걱정인 2년 사이에 친손주, 외손주 셋이 늘었다. 몸 아픈 곳 잦아지다 보니 상대방의 손길을 빌려야 할 일이 많아지고, 환자와 보호자 입장을 번갈아 하며 서로의 곁을 지켜준다.

얼마 전 휴일 오후, 물건을 찾던 중에 장롱 서랍 속의 종잇장이 눈에 띄었다. 워낙 누렇게 찌들어서 폐지로 알고 버리려다가 혹시 몰라 펼쳐보니 신혼 시절에 내가 쓴 각서다. 수십 년 동안 숱하게 끌고 다닌 이삿짐들 어느 틈바구니에 꼭꼭 숨어 악착같이 따라왔는지.

나 읽으라고 일부러 보이는 데다 놔뒀을까. 달력 흘끔 쳐다보니 며칠 뒤가 결혼기념일. 기왕 알게 된 김에 작은 선물이라도 건네주고 싶으나, 그놈의 돈이 문제다. 가정 경제의 물꼬였던 고정 수입이 여러 해 전부터 토막 났지만, 돈으로 메울 구멍은 줄지 않는다고 느껴지는 건 마음의 가난 때문만은 아니다. 자기 손으로 가계부 쓰는 아내가 터무니없는 기대를 하겠나 싶어 일단 모른 척한다.

　힘찬 행진곡에 발맞추어 나란히 손잡고 카펫 위를 함께 걸었던, 그날이 왔다. 평상시의 반찬 가짓수와 다를 것 없는 아침 식사를 겸상한 뒤 현관문을 나선다. 집에서 좀 떨어진 공원이 내 일터다. 오전 세 시간씩 격일 근무인 시한부 노인 일자리로, 공원 관리와 주변 환경미화 작업 등, 단순 업무를 하여 받는 월 29만 원의 입금 일이다.

　정오 넘겨서 일과를 끝내고 집에 왔다. 4년 연하인 아내는 젊은 사람들만큼의 대우는 아니나, 고정 월급을 받는 우리 집의 상위 소득자로 여섯 시가 넘어야 귀가한다. 오늘 같은 날이라도 시장을 봐와서 내 손으로 저녁상을 준비하고 싶지만, 음식솜씨 좋은 아내 입을 만족시킬 만한 손재주가 내겐 없다. 아내의 한 끼니 수고라도 덜어줄 생각에, 외식을 하기로 통신 문자 합의를 보았다.

　석양 무렵에 퇴근한 아내와 함께 동네 맛집이라는 식당을 찾아갔다. 모처럼 다른 사람 손으로 만들어준 푸짐한 성찬을 즐긴 뒤, 아내보다 앞서 결제를 마쳤다. 금 시세가 천정부지로 치솟는 요즘, 순금 반지 가격에 턱도 없는 액수지만 그래도 맘 홀가분하다.

　식사를 마치고 돌아오는데 길목 어귀의 공원이 눈에 들어온다. 그곳에 배치받아 일하느라 나무들 키 자라고, 화초들 꽃 피우는 모습을 늘 보아왔건만, 업무상 일할 때의 감정과는 왠지 다르다.

"밤공기도 상쾌하니 저기서 잠깐 쉬었다 갈까?"

산책 겸해 공원으로 향한다. 이맘때 어느 꽃인들 곱지 않으랴마는, 혹독하던 겨우내 벼르고 준비한 듯, 한꺼번에 활짝 꽃피운 개나리. 산수유. 생강나무. 공원 한쪽 귀퉁이를 차지한 유채꽃이며… 수은등 밑의 아늑한 벤치에 나란히 앉았다.

"저 꽃들 봐. 우리 결혼기념일에 딱 맞춰 피어서 축하해 주잖아. 오늘 같이 보려고 내가 열심히 가꿔놨거든. 꽃 좋아하는 당신 거니까 선물로 알고 받으소."

반주로 주고받은 전통주 몇 잔에 낯이 두꺼워졌겠다, 상대방 듣기 좋으라고 급히 지어낸 우스갯소리에 내 손발이 먼저 오글거린다.

"와, 세상에서 젤 큰 꽃다발을 받았는데 난 뭐로 답례하지? 고마워요."

분위기 맞춰주려고 애쓰는 아내 얼굴엔 처음 만났을 무렵의 청순함이 다시 피었다. 한때는 저것들보다 훨씬 고운 꽃이었는데.

가장이란 인생 등짐을 지고, 보이지 않는 앞길을 헤치면서 무엇이든 잡아보려고 허우적대던 갈퀴손으로 아내 손을 슬쩍 잡아본다. 거친 황톳길이든, 걷기 편한 신작로든 터벅터벅 뚜벅뚜벅 함께 걸어왔고, 이제껏 같이 있었으며, 남은 길도 그렇게 가야 할 가장 든든한 인생 동반자. 세월 더 흐르면 지팡이 대신 서로를 부축해 주기 위해 손잡고 걸을 날도 오겠지.

남들이 축하할 날로 대접해 주던, 우리만의 기억 일로 삼던, 마흔두 번째 기념일을 맞았고, 그만큼의 세월을 같이 겪어냈다. 부부지간의 언약은 큰 것이 아니라 소소한 행복 찾기일지도 모를 터, 작은 채움에도 만족하는 아내한테 더 이상 약속 불이행자가 되진 말아야지.

'남들보다' 약속이야 어겼으되 '남들처럼'으로 낮춰 잡은 종신계약의 유효기간은 아직 많이 남아 있고, 43년째 기념일부터는 진심이 듬뿍 담긴 선물을 당당하게 건네줄 수 있기를.

따스운 손 놓지 않은 채, 우리의 보금자리로 돌아온다. 요즘 들어 가장 좋은 날, 몸도 마음도 함께 회춘(回春) 하는, 다시 봄이다.

산보다 높은 말

용인 · 천익승

그날, 나는 이유 없이 산에 올랐다. 아니, 무언가를 정리하고 싶었다. 몸을 쓰면 마음도 따라 정리될 줄 알았다. 그래서 낡은 운동화 끈을 질끈 조이고, 아무 준비 없이 산에 올랐다.

초겨울. 바람은 찼고, 산은 낮았다. 무심코 오른 그 길은 처음엔 순했다. 그러나 오후의 해가 기울며, 흙길 위엔 얇은 얼음이 얹혔다. 내려오는 길, 밧줄이 있었다.

나는 그 밧줄을 꼭 붙잡고, 마음을 낮추고 조심조심 내려왔다. 그런데 정말 잠깐, 딴 생각을 했다. 그리고 그대로 미끄러져 엉덩방아를 찧었다.

그 순간, 아찔했다. 전해진 충격보다 더 크게 다가온 건, '내가 왜 여기서 넘어진 걸까'라는 자책이었다. 그때였다. 올라오던 등산객 아저씨가 마치 기다렸다는 듯 툭, 한마디 했다.

"딴생각하면 넘어져요!"

그 말이 산보다 높았다. 빙판보다 날카로웠고, 밧줄보다 단단했다.

나는 한동안 그 자리에 멈춰 앉아 그 말을 오래 붙잡고 있었다. 단순한 조언 같았지만, 그 말은 내 지난 삶을 관통하는 깨달음처럼 다가왔다.

일에서, 관계에서, 삶의 여러 갈래에서 내가 딴생각을 했던 바로 그 순간마다 나는 미끄러졌고, 어딘가에 부딪혀 조용히 넘어졌었다. 몸이 아니라, 의식이 미끄러질 때 진짜 사고가 나는 거라는 걸, 그날, 그 산에서 알게 되었다.

삶은 종종 얼어붙고, 길은 미끄럽다.
그러나 나는 이제 한 발 한 발, 딛는 마음의 자리를 더 의식하게 되었다.

넘어진 그 자리에서, 나는 그 한마디 말을 주워 담았다.
그 말이 오늘도
내 안의 중심을 붙잡고 있다.